高等职业教育新形态一体化规划教材
(汽车机电技术系列)

汽车电源与起动系统构造与检修

主　编　刘琳娇　悦中原
副主编　徐道发　王显廷
参　编　刘　威　张治斌　刘红强　谭小锋
　　　　孙立君　颜　瑞　辛春亮　李玉琴
主　审　关云霞

机械工业出版社

本书内容分为汽车蓄电池的构造与检修、汽车发电机的构造与检修、汽车起动系统的构造与检修3个项目，包括10个工作任务：认知普通蓄电池、认知特殊蓄电池、检修汽车蓄电池、认知交流发电机、认知电压调节器、检修交流发电机与电压调节器、认知常规起动机、认知起动系统控制电路、认知减速起动机、认知无钥匙进入/起动系统。本书图文并茂、通俗易懂，书后配有学习工作页，并把相关视频做成二维码插入书中，可以帮助读者自主学习，有效地提高学习效果。

本书可作为高职高专、中职中专院校汽车类专业教材，也可作为汽车爱好者的参考书。

本书配有电子课件，**凡使用本书作为教材的教师**均可登录机械工业出版社教育服务网（www.cmpedu.com）注册后免费下载。咨询电话：010-88379375。

图书在版编目（CIP）数据

汽车电源与起动系统构造与检修/刘琳娇，悦中原主编. —北京：机械工业出版社，2019.6

高等职业教育新形态一体化规划教材. 汽车机电技术系列

ISBN 978-7-111-63027-2

Ⅰ.①汽⋯ Ⅱ.①刘⋯ ②悦⋯ Ⅲ.①汽车-电源-构造-高等职业教育-教材②汽车-电源-车辆修理-高等职业教育-教材③汽车-起动系统-构造-高等职业教育-教材④汽车-起动系统-车辆修理-高等职业教育-教材 Ⅳ.①U472.4

中国版本图书馆CIP数据核字（2019）第124548号

机械工业出版社（北京市百万庄大街22号　邮政编码100037）
策划编辑：蓝伙金　王淑花　责任编辑：张双国　蓝伙金　谢熠萌
责任校对：李　伟　张晓蓉　封面设计：鞠　杨
责任印制：孙　炜
北京联兴盛业印刷股份有限公司印刷
2019年8月第1版第1次印刷
184mm×260mm·6.75印张·166千字
0001—2000册
标准书号：ISBN 978-7-111-63027-2
定价：32.00元

电话服务　　　　　　　　　网络服务
客服电话：010-88361066　　机　工　官　网：www.cmpbook.com
　　　　　010-88379833　　机　工　官　博：weibo.com/cmp1952
　　　　　010-68326294　　金　书　网：www.golden-book.com
封底无防伪标均为盗版　机工教育服务网：www.cmpedu.com

出版说明

教育部《关于全面提高高等职业教育教学质量的若干意见》指出，高职教育改革教学方法和手段应融"教、学、做"于一体，强化学生能力培养的教学模式，代表了高职教学改革的发展方向。

教材是教学过程的主要载体，加强教材建设是深化教学改革的有效途径，推进人才培养模式改革的重要条件，也是保障教学基本质量、培养高端技能型人才和技术应用型人才的重要基础。

本套教材是作者团队结合多年的教学经验、德国双元制教育模式和理念创作完成的，借鉴了德国汽车职业教育的理念和培养模式，理论与实践相结合，具有很强的实践性、实用性，实现了德国双元制教育的本土化。

1. 培养目标说明

从职业分析入手，对职业岗位进行能力分解（包括倾听客户抱怨，技术咨询，接修检测，专业工具和仪器设备操作，故障诊断，维修保养），确定高职汽车检测与维修技术专业的培养目标是面向汽车"后市场"，培养具有与本专业相适应的水平和良好的职业素养，掌握一定的专业理论知识，具备本专业的理论知识、实践技能以及较强的实际工作能力和经营管理能力，德、智、体、美、劳等方面全面发展的高等技术应用型人才。

（1）一般能力 包括智商和情商，智商包括记忆力、思维能力、逻辑推理能力、空间想象能力、表达能力等；情商包括情绪控制能力、自我控制能力和人际交往能力。

（2）专业技能 专业技能主要通过专业课学习、培训开发转化而成，专业课应以岗位工作任务为依据，以项目为导向、任务驱动为原则构建教学内容，采取"教、学、做"一体化来开展教学活动，并重视通过校企合作、工学交替、顶岗实习等人才培养模式改革来培养和提高专业技能。

① 一般专业能力是应用能力、汽车阅读能力、汽车驾驶能力。

② 核心专业能力是汽车拆装能力、汽车检查能力、汽车修理能力、汽车故障诊断能力、汽车性能检测能力、汽车维修企业管理能力。

（3）综合能力 综合能力是一般能力和专业技能的综合运用能力，是解决复杂问题的能力，既涉及特定的专业综合能力，又涉及跨专业的职业核心能力。

1) 专业综合能力。

① 专业地使用有关维修工具、诊断系统、测量仪、信息系统。

② 能按照电路图和工作说明进行操作作业，会选取材料和备件并完成订购过程；熟练地拆卸和安装部件和总成，并对不同部件进行维修。维修时，采取质量保证措施，保持工位的有序（5A）和整洁（5S）。

③ 能独立制订工作计划并予以实施，使工作过程可视化。遵守有关工作、安全规定和环保法规。能够查找资料与文献以取得有用的知识。

④ 能处理优惠和索赔委托任务。

2) 跨专业的职业核心能力。跨专业的职业核心能力包括信息处理能力、沟通能力、组织协调能力和创新能力。

① 信息处理能力，即对信息的识别、整合和加工的能力。

② 沟通能力，即在交往过程中所表现出来的联络与协调能力。

③ 组织协调能力，即从工作任务出发，对资源进行分配、调控、激励、协调以实现工作目标的能力。

④ 创新能力，即创新事物、创新方法的能力。近年来我国大力提倡要培养具有创新精神、创新意识和创新能力的人才，有必要在有关课程和教学活动中引导、培养创新创业、技改意识和能力，培养勤用脑、多动手、大胆想、敢突破的创新精神和能力。

2. 资源说明

本套教材是围绕职业教育"教、学、做"3个服务维度开发的，每本教材由主教材和学习工作页组成。

本套教材在内容选材、编写、呈现方式等多方面加强精品化建设，采用彩色印刷，同时配有电子课件、微视频/动画等教学资源，为教、学、练提供便利。

纸质教材　包括主教材+学习工作页，采用彩色印刷，融"教、学、做"于一体。

电子课件　供教师上课、学生课前预习和课后复习使用，可以登录机械工业出版社教育服务网（www.cmpedu.com）注册后免费下载。咨询电话010-88379375。

微视频/动画　课本中的部分重点难点以视频形式给予讲解，读者可以扫描书中二维码链接观看。

机械工业出版社

前言

我国的高等职业教育正处于高速发展时期,各高职院校也在学习和借鉴一些发达国家的先进职业教育理念和教学模式。由于国外的职业教育与国内的职业教育在教育理念和教学模式上存在很大的差别,因此在培养模式、教学计划、课程体系和教学方法等方面有较大的不同。

本书是作者团队在多年从事"汽车电器"课程教学、进行了大量的社会调研和课程改革研究的基础上,以工作过程为导向、以任务为驱动编写的。

本书图文并茂、通俗易懂,书后配有学习工作页,并把相关视频做成二维码插入书中,可以帮助读者自主学习,有效地提高学习效果。

本课程建议34学时,具体学时分配参见下表。

"汽车电源与起动系统构造与检修"课程项目划分及学时分配

序号	项目	教学任务	学时
1	汽车蓄电池的构造与检修	1. 认知普通蓄电池	4
		2. 认知特殊蓄电池	2
		3. 检修汽车蓄电池	2
2	汽车发电机的构造与检修	1. 认知交流发电机	4
		2. 认知电压调节器	4
		3. 检修交流发电机与电压调节器	4
3	汽车起动系统的构造与检修	1. 认知常规起动机	4
		2. 认知起动系统控制电路	4
		3. 认知减速起动机	4
		4. 认知无钥匙进入/起动系统	2
	合计		34

注:上表中包含实训项目课时分配,可根据实际情况合理安排。

本书由刘琳娇、悦中原任主编,徐道发、王显廷任副主编,关云霞任主审。参加本书编写工作的还有刘威、张治斌、刘红强、谭小锋、孙立君、颜瑞、辛春亮、李玉琴。

本书在编写过程中得到了一汽客车有限公司的大力帮助,在此表示衷心感谢。

由于编者水平有限,书中难免有不当之处,恳请广大读者批评指正。

编 者

目录

出版说明
前　言
项目 1　汽车蓄电池的构造与检修 ··· 1
　任务 1　认知普通蓄电池 ··· 1
　任务 2　认知特殊蓄电池 ··· 6
　任务 3　检修汽车蓄电池 ··· 11
项目 2　汽车发电机的构造与检修 ··· 15
　任务 1　认知交流发电机 ··· 15
　任务 2　认知电压调节器 ··· 20
　任务 3　检修交流发电机与电压调节器 ······································· 21
项目 3　汽车起动系统的构造与检修 ·· 25
　任务 1　认知常规起动机 ··· 25
　任务 2　认知起动系统控制电路 ·· 32
　任务 3　认知减速起动机 ··· 35
　任务 4　认知无钥匙进入/起动系统 ·· 40
参考文献 ··· 44

项目 1

汽车蓄电池的构造与检修

蓄电池是按可以再充电设计的电池,是一种可逆的低压直流电源,它既能将化学能转换为电能,也能将电能转换为化学能。蓄电池可分为碱性蓄电池和酸性蓄电池两大类。汽车上一般使用铅酸蓄电池作为电源来起动起动机和给用电设备供电。

任务 1 认知普通蓄电池

学习目标

1. 掌握蓄电池的基本结构和型号。
2. 掌握蓄电池的基本工作原理。
3. 掌握蓄电池的容量和影响因素。
4. 掌握蓄电池的基本工作特性。

任务引入

汽车为什么能够运行起来?蓄电池在汽车运行过程中起到什么作用?

一、蓄电池的功用和要求

汽车蓄电池是一种储存电能的装置,一旦连接外部负载或接通充电电路,它便开始能量转换过程。在放电过程中,蓄电池中的化学能被转换为电能。在充电过程中,电能被转换为化学能。

蓄电池的外观如图1-1所示。蓄电池的功用有:

1) 发动机起动时,向起动机和点火系统供电。
2) 发动机低速运转时,向用电设备和发电机励磁绕组供电。
3) 发动机中、高速运转时,将发电机剩余电能转换为化学能储存起来。
4) 发电机过载时,协助发电机向用电设备供电。
5) 蓄电池相当于一个大电容器,能吸收电路中出现的瞬时过电压,保护电子元

图1-1 蓄电池外观

器件，保持汽车电气系统电压稳定。

起动发动机时，蓄电池要在5~10s内向起动机连续供给强大电流（汽油机为200~600A，柴油机为800~1000A），因此，对蓄电池的要求是：容量大、内阻小、有足够的起动能力。

> 课程互动：请说出蓄电池供电与发电机供电是如何进行切换的。

二、普通蓄电池的结构

普通蓄电池指铅酸蓄电池，由单个的单体蓄电池组成。单体蓄电池由正极板、负极板、隔板、电解液、蓄电池盖板、加液孔塞和蓄电池外壳组成。蓄电池一般分隔为3个或6个单体，每个单体蓄电池的标称电压为2V，将3个或6个单体蓄电池串联后即制成6V或12V蓄电池总成。目前汽油发动机汽车上使用的是由6个单体蓄电池组成的12V蓄电池，柴油发动机汽车上使用的是由2个12V蓄电池串联而成的24V蓄电池。蓄电池的基本结构如图1-2所示。

1. 极板

（1）功用 极板是蓄电池的核心部分，铅酸蓄电池充放电过程中，电能与化学能的相互转换依靠极板上的活性物质与电解液中硫酸的化学反应来实现。极板分正极板和负极板两种。

（2）组成 极板由栅架和活性物质组成。

1）栅架。栅架由铅锑合金浇铸而成。锑可以提高机械强度和浇铸性能，但是锑会加速氢的析出而加速电解液的消耗，还会引起蓄电池自放电和栅架腐烂，缩短蓄电池循环寿命。目前，多采用铅-低锑合金栅架或铅-钙-锡合金栅架。

2）活性物质。正极板上的活性物质为二氧化铅（PbO_2，深棕色），负极板上的活性物质为海绵状纯铅（Pb，深灰色）。

3）极板组。一片正极板和一片负极板浸入电解液中，可得到2V左右的电动势，为增大蓄电池容量，常将多片正、负极板分别并联组成正、负极板组，如图1-3所示。

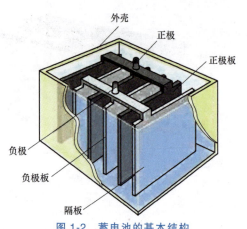

图1-2 蓄电池的基本结构

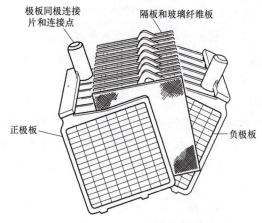

图1-3 正、负极板组

注意：因为正极板的强度较低，所以在单体蓄电池中，负极板总比正极板多一片，使每一片正极板都处于两片负极板之间，保持其放电均匀，防止变形。

2. 隔板

（1）功用　隔板在正、负极板间起绝缘作用，使蓄电池结构紧凑。

（2）特征

1）隔板有许多微孔，可使电解液畅通无阻。

2）隔板一面平整，一面有沟槽，沟槽面对着正极板，且与底部垂直，使充、放电时电解液能通过沟槽及时供给正极板，当正极板上的活性物质PbO_2脱落时能迅速通过沟槽沉入容器底部。

3. 电解液

电解液由纯硫酸与蒸馏水按一定比例配置而成，加入每个单体蓄电池中。电解液应符合相关标准，杂质会引起自放电和极板溃烂，从而影响蓄电池循环寿命。

4. 外壳

外壳用于盛装电解液和极板组。外壳应耐酸、耐热、耐振动冲击。

外壳有橡胶外壳和聚丙烯塑料外壳两种，目前普遍采用的是聚丙烯塑料外壳，其具有壳壁薄、重量轻、易于热封合、生产效率高等优点。

外壳为整体式结构，壳内间壁分成 3 个或 6 个互不相通的单格。单体蓄电池之间均用铅质联条串联，蓄电池外壳如图 1-4 所示。

每个单体蓄电池设有一个加液孔，可以加注电解液或检测电解液密度。孔盖上设有通气孔，便于排出蓄电池内部气体，防止外壳胀裂，发生事故。

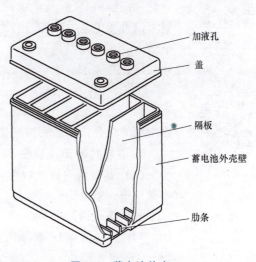

图 1-4　蓄电池外壳

三、蓄电池的工作原理

蓄电池的工作原理就是化学能与电能的相互转换。当蓄电池将化学能转换为电能而向外供电时，称为放电过程；当蓄电池与外界直流电源相连而将电能转换为化学能储存起来时，称为充电过程。铅酸蓄电池基本工作原理如图 1-5 所示。

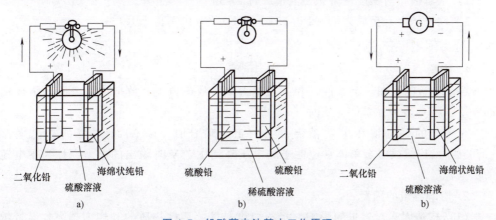

图 1-5　铅酸蓄电池基本工作原理

a）放电开始　b）放电结束　c）充电结束

1. 放电过程

蓄电池连接外部电路放电时，稀硫酸会与正、负极板上的活性物质产生反应，生成硫酸铅。放电时硫酸成分从电解液中释出，放电越久，硫酸浓度越稀。所消耗硫酸量与放电量成比例，只要测得电解液中的硫酸浓度（亦即测得其比重），即可得知放电量或剩余电量。化学方程式如下：

$$PbO_2 + 2H_2SO_4 + Pb \longrightarrow PbSO_4 + 2H_2O + PbSO_4（放电反应）$$

2. 充电过程

便携式充电器的使用

由于放电时在正、负极板上所产生的硫酸铅会在充电时被分解还原成硫酸、铅及二氧化铅，因此蓄电池内电解液的浓度逐渐增加（亦即电解液的比重上升），并逐渐回复到放电前的浓度，这种变化显示出蓄电池中的活性物质已还原到可以再度供电的状态，当两极的硫酸铅被还原成原来的活性物质时，即为充电结束。充电到最后阶段时，电流几乎都用于水的电解，因而电解液会减少，此时应补充纯水。化学方程式如下：

$$PbSO_4 + 2H_2O + PbSO_4 \longrightarrow PbO_2 + 2H_2SO_4 + Pb（充电反应）（必须在通电条件下）$$

第一个硫酸铅中铅的化合价升高，被氧化，正电荷流入正极。第二个硫酸铅中铅的化合价降低，被还原，负电荷流入负极。

起动型充电机的使用

3. 蓄电池的工作特性

（1）蓄电池的放电特性　蓄电池的放电特性指充足电的蓄电池在恒电流放电过程中，蓄电池的端电压、电解液相对密度随放电时间变化的规律。

放电终止的标志为：

1）单体蓄电池电压下降到放电终止电压值（以 20 小时率放电时，此值为 1.75V）。

2）电解液相对密度下降到最小许可值，约为 $1.11g/cm^3$。

（2）蓄电池的充电特性　蓄电池的充电特性指在恒流充电过程中，单体蓄电池的端电压和电解液的相对密度随时间变化的规律。

充电终止的 3 个标志：

1）电解液呈"沸腾"状（因析出氢气和氧气所致）。

2）电解液相对密度上升至最大值，且 2~3h 内不再上升。

3）端电压上升至最大值（15~17V），且 2~3h 内不再上升。

四、蓄电池的容量

1. 容量

容量指蓄电池在规定条件（包括放电温度、放电电流、放电终止电压）下放出的电量，用 C 表示，单位为安时（Ah）。

充满电的蓄电池在电解液温度为 $(25\pm5)℃$ 时，以 20 小时率的放电电流 $(0.05C_{20})$ 连续放电至单体蓄电池平均电压降到 1.75V 时输出的电量，称为蓄电池的额定容量。

2. 影响容量的因素

（1）构造因素对容量的影响　极板厚度越薄，活性物质的利用率越高，容量越高；极板面积越大，同时参与反应的物质越多，容量越大；同性极板中心距越小，蓄电池内阻越小,容量越大。

(2)使用因素对容量的影响 放电电流越大,蓄电池的容量越小;电解液的温度越低,蓄电池的容量越小。

五、蓄电池型号规则及使用

按照 JB/T 2599—2012《铅酸蓄电池名称、型号编制与命名办法》规定,蓄电池型号的编制由三部分组成:

$$\boxed{1}-\boxed{2}-\boxed{3}$$

第一部分表示串联的单体蓄电池数;第二部分表示蓄电池用途、结构特征代号;第三部分表示标准规定的额定容量。

蓄电池按用途分类见表 1-1。

表 1-1 蓄电池按用途分类

序号	蓄电池类型(主要用途)	型号	对应汉字
1	起动型	Q	起
2	固定型	G	固
3	牵引(电力机车)用	D	电
4	内燃机车用	N	内
5	铁路客车用	T	铁
6	摩托车用	M	摩
7	船舶用	C	船
8	储能用	CN	储能
9	电动道路车用	EV	电动车辆
10	电动助力车用	DZ	电助
11	煤矿特殊	MT	煤特

蓄电池按结构特征分类见表 1-2。

表 1-2 蓄电池按结构特征分类

序号	蓄电池特征	型号	对应汉字
1	密封式	M	密
2	免维护	W	维
3	干式荷电	A	干
4	湿式荷电	H	湿
5	微型阀控式	WF	微阀
6	排气式	P	排
7	胶体式	J	胶
8	卷绕式	JR	卷绕
9	阀控式	F	阀

例:3-Q-90,表示由 3 个单体蓄电池组成,额定电压为 6V,额定容量为 90Ah 的

起动型蓄电池；6-QAW-100，表示由6个单体蓄电池组成，额定电压为12V，额定容量为100Ah的起动型干式荷电免维护蓄电池。

任务2　认知特殊蓄电池

学习目标

1. 了解免维护蓄电池的特点。
2. 了解干式荷电蓄电池。
3. 了解胶体式蓄电池。
4. 了解碱性蓄电池。
5. 了解电动汽车蓄电池。

任务引入

汽车蓄电池有使用过程中不需要添加电解液的吗？除了铅酸蓄电池还有什么形式的蓄电池？它们和铅酸蓄电池有什么区别？

一、免维护蓄电池

1. 免维护蓄电池的结构特点

1）极板栅架采用铅钙锡合金材料制成，彻底消除了锑的副作用。

极板栅架采用铅低锑合金（含锑2%~3%）材料制作的蓄电池称为少维护蓄电池。锑不仅会在电化学反应中不断地从正极板析出并迁移到负极板表面，为自放电创造条件，而且会使蓄电池电动势降低，充电电流增大，水的电解速度加快。

2）采用袋式聚氯乙烯隔板，将正极板装在隔板袋内，既能避免活性物质脱落，又能防止极板短路。

3）通气孔塞采用新型安全通气装置，孔塞内装有氧化铝过滤器和催化剂钯。过滤器能阻止水蒸气和硫酸气体通过，避免其与外部火花接触而发生爆炸，催化剂能促使氢氧离子结合生成水后回到池内，减少了水耗。

有些免维护蓄电池在内部装有指示荷电状况的相对密度计（比重计）（图1-6）。如果相对密度计顶部的圆点呈绿色，则表示蓄电池荷电充足（大约65%）；如果圆点模糊，则表示蓄电池荷电不足；如果圆点呈黄色，则给蓄电池充电已不起作用；如果此圆点是透亮的，则是电解液不足。黄色和透亮这两种情况都必须更换蓄电池。

4）外壳用聚丙烯塑料热压而成，槽底无筋条，极板组直接安放在壳底上，使极板上部容积增大33%左右，电解液储存量增大。

图1-6　带相对密度计的免维护蓄电池

2. 免维护蓄电池的使用特点

1）在整个使用过程中无需补加蒸馏水，减少了维护工作量。

2) 蓄电池盖上设有安全通气装置，可阻止水蒸气和硫酸气体通过，减少了电解液的消耗，并能减弱电桩和附近机件的腐蚀。

3) 自放电少，可储存2年以上，循环寿命长，约为普通蓄电池的4倍。

4) 耐过充电性能好，免维护蓄电池的过充电电流在充满电时可接近零，减少了电和水的损耗。

5) 内阻小，起动性能好。

二、干式荷电蓄电池

极板处于干燥的已充电状态和无电解液贮存的蓄电池称为干式荷电蓄电池。干式荷电蓄电池加足电解液后，静放20~30min即可使用。干式荷电蓄电池的工艺特点提高了负极板上的海绵状纯铅的憎水性和抗氧化性，其特点如下：

1) 在负极板的铅膏中加入了抗氧化剂。
2) 在化成过程中，有一次深度放电或反复充放电循环。
3) 负极板在化成过程中进行水洗和浸渍。
4) 正、负极板和隔板用特殊工艺干燥处理。

三、胶体式蓄电池

在胶体式蓄电池中，电解质是经过净化的硅酸钠溶液与硫酸水溶液混合后凝结成的稠状胶体物质。

其优点是：电解液不会溅出；在使用维护和运输中，活性物质不易脱落；可延长循环寿命；使用中无需调整密度，只需添加蒸馏水。

其缺点是：胶体电解质电阻较大，导致内阻增加，容量降低；与极板接触不均匀，自放电较严重。

四、碱性蓄电池

碱性蓄电池具有重量轻、自放电少的优点，不会因过充电或过放电而造成活性物质的钝化；但是碱性蓄电池活性物质的导电性差，且价格比较高。碱性蓄电池的工作原理如图1-7所示。

1. 铁镍蓄电池

（1）结构　铁镍蓄电池分为有极板盒式铁镍蓄电池和烧结式铁镍蓄电池两种。有极板盒式铁镍蓄电池由正极组、负极组和隔板交错排列，组成板群装入外壳封底而成；烧结式铁镍蓄电池由正极组和负极组交错排列，经包膜装入外壳封盖而成。正极板和负极板经浸渍而成。

（2）工作原理　蓄电池电解液是KOH的水溶液。电解液只传导电流，其

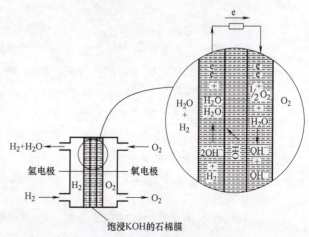

图1-7　碱性蓄电池的工作原理

浓度基本不变，所以不能根据电解液密度的大小来判断蓄电池充、放电程度。充电状态时，正极板上的活性物质为氢氧化镍[$Ni(OH)_3$]，负极板上为铁（Fe）。放电

终止时，正极板活性物质转化为氢氧化亚镍 $[Ni(OH)_2]$，负极板活性物质转化为氢氧化亚铁 $[Fe(OH)_2]$。铁镍蓄电池充、放电时的化学反应为：$2Ni(OH)_3+Fe \underset{充电}{\overset{放电}{\rightleftharpoons}} 2Ni(OH)_2+Fe(OH)_2$。

有极板盒式铁镍蓄电池比能量一般为 30W·h/kg，烧结式铁镍蓄电池比能量一般为 65W·h/kg。

2. 镉镍蓄电池

（1）工作原理　镉镍蓄电池充电状态时，正极板上的活性物质为氢氧化镍 $Ni(OH)_3$，负极板上为镉（Cd）。放电终止时，正极板活性物质转化为氢氧化亚镍 $Ni(OH)_2$，负极板活性物质转化为氢氧化镉 $Cd(OH)_2$。镉镍蓄电池的循环次数可达 2000 次，使用寿命为 10~20 年。

（2）使用注意事项

1）使用前应先充电，充电时应定时测量蓄电池电压，充电终止电压不得高于 1.6V，以免引起爆炸。镉镍蓄电池的标准电动势为 1.33V，工作电压为 1.20~1.25V，放电终止电压为 1.0V。镉镍蓄电池充电时的环境温度应保持在 15~35℃ 之间，否则影响蓄电池的容量和循环寿命。

2）蓄电池电解液是 KOH 的水溶液，其只传导电流，浓度基本不变，不能根据电解液密度的大小来判断蓄电池的充、放电程度。

3）蓄电池长期储存后，使用之前要先以 10 小时率充电 14~16h，再以 5 小时率放电至单体蓄电池电压为 1.0V，充放电循环 2~3 次，直至放电容量达额定值后充电使用。

4）蓄电池使用期限接近规定循环寿命时（如出现底部、外壳及蓄电池盖有鼓胀等现象），应予以报废。

五、锌银蓄电池

1. 工作原理

锌银蓄电池充电状态时，正极板上的活性物质为氧化银（AgO），负极板上为锌（Zn）。放电时，负极板活性物质提供两个电子，与电解液中的两个氢氧离子相结合，生成氢氧化锌 $[Zn(OH)_2]$，再转化为氧化锌（ZnO）和水。正极板活性物质接受两个电子后，在水的参与下转化为银 Ag 和两个氢氧根离子。

锌银蓄电池放电时的负极板反应为：$Zn+2OH^--2e \longrightarrow Zn(OH)_2 \longrightarrow ZnO+H_2O$

正极板反应为：$2AgO+H_2O+2e \longrightarrow Ag_2O+2OH^- \ Ag_2O+H_2O+2e \longrightarrow 2Ag+2OH^-$

锌银蓄电池的额定电压为 1.5V，工作电压为 1.7~1.8V，充电终止电压为 2.00~2.05V，放电终止电压为 1.0V，比能量可达 100~150W·h/kg。

2. 使用注意事项

1）储存的干式放电状态的蓄电池在使用前，应先进行 1~2 次充放电循环使蓄电池活化。

蓄电池充电时应采用定流充电法，充电电流为 10 小时率电流。应定时测量蓄电池电压，充电终止电压为 2.00~2.05V，不得高于 2.1V，以免引起爆炸。

2）单体蓄电池开路电压应为 1.82~1.86V，若使用中低于 1.82V，可能是充电不足或蓄电池损坏。

3）充电后的湿式荷电蓄电池，存放时间在一个月内的，可随时使用。如果存放时间超过一个月,应先放电再充电后使用。

4)严禁过放电,若个别单体蓄电池电压提前降至1.0V,应及时查明原因。

六、电动汽车蓄电池

电动汽车使用的蓄电池应符合以下要求:循环寿命长、比容量高、质量小和充放电性能好。

1. 钠硫蓄电池

钠硫蓄电池的理论比能量可达760W·h/kg,实际已达到300W·h/kg,且充电持续里程长,循环寿命长。

负极的反应物质是熔融状态的钠(在负极腔内),正极的反应物质是熔融状态的硫(在正极腔内)。正极和负极之间用$\alpha\text{-}Al_2O_3$电绝缘体密封。正极腔和负极腔之间有$\beta\text{-}NaAl_{11}O_{17}$陶瓷管电解质。电解质只能自由传导离子,而对电子是绝缘体。当外电路接通时,负极不断产生钠离子并放出电子,电子通过外电路移向正极,而钠离子通过β-NaAl11O17电解质和正极的反应物质生成钠的硫化物。

2. 燃料电池

燃料电池是一种将化学能直接转化为电能的装置,它的正极是氧电极,负极是氢或碳氢化合物或乙醇等燃料电极。催化剂在正极催化氧的还原反应,从外电路向氧电极反应部位传导电子;在负极催化燃料的氧化反应,从反应部位向外电路传导电子。电解液输送燃料电极和氧电极反应产生的离子,并且阻止电子的传递。电子通过外电路做功,并形成电流回路。只要燃料和氧不断地从装置外部供给蓄电池,就有放电产物不断地从装置向外排出。

氢氧燃料电池的工作原理如图1-8所示。

电解液中的KOH不断电离和化合,形成相对平衡状态,即

$$KOH \rightleftharpoons K^+ + OH^-$$

氢气在固体多孔电极中扩散,由于催化剂的作用而发生化学反应,并放出电子:

$$H_2 + 2OH^- \longrightarrow 2H_2O + 2e$$

氧在催化剂的作用下与电解液中的水和外电路的电子发生反应,分解为氢氧离子:

$$O_2 + 2H_2O + 4e \longrightarrow 4OH^-$$

蓄电池总的反应为:

$$2H_2 + O_2 \longrightarrow 2H_2O$$

在反应过程中,氢和氧不断地消耗生成水,只要不断地供给氢气和氧气,反应就能持续进行,不断输出电能。因此,燃料电池既不同于一次电池,也不同于可以充电的二次电池(蓄电池)。

3. 锌-空气蓄电池

锌-空气蓄电池是一种高能、高功率的电化学蓄电池,比能量可达

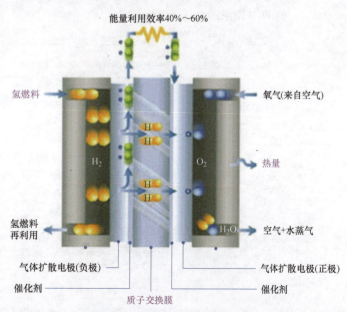

图1-8 氢氧燃料电池的工作原理

400W·h/kg。充电状态时正极是空气电极,活性物质是空气中的氧。负极是多孔锌电极,电解液为 KOH 的水溶液。

放电时正极的反应为:$O_2+2H_2O+4e \longrightarrow 4OH^-$

负极的反应为:$Zn+2OH^- \longrightarrow ZnO+H_2O+2e$

蓄电池总的反应为:$2Zn+O_2 \longrightarrow 2ZnO$

锌-空气蓄电池使用时的注意事项如下:

1) 蓄电池应存放在阴凉通风干燥处,温度不高于 35℃,相对湿度不大于 80%。贮存期间,注意切不可将蓄电池上的胶带剥离。

2) 使用前,先把蓄电池盖上的空气孔打开;停止使用时,要将空气孔关闭。

3) 新旧蓄电池不得混合使用。

4. 镍氢(Ni-MH)蓄电池

镍氢蓄电池的优点是比能量相对较高(60~70W·h/kg),无镉污染,可大电流快速充放电,但原材料价格较高,使镍氢蓄电池的使用受到很大限制。

镍氢蓄电池由以贮氢合金作为活性物质的负极、以氢氧化镍作为活性物质的正极及隔膜组成。

镍氢蓄电池技术开发较早,产品化技术比较成熟,当前商品化的电动汽车主要采用该种蓄电池。例如丰田的混合动力汽车 Pruis(普锐斯)和本田的 Civic(思域)采用的都是镍氢蓄电池。

5. 锂离子蓄电池

锂离子蓄电池具有以下优点:单体蓄电池工作电压达到 3.6~4.2V,相当于 3 节镍氢蓄电池串联;比能量高,目前达到 150W·h/kg,是镍氢蓄电池的两倍左右;能量效率高,锂离子蓄电池能量效率可达 99% 以上;自放电率小,一般自放电率小于 6%;循环寿命长,可以循环充放电 500 次以上;无记忆效应;可进行大电流充放电;无重金属污染,属于绿色蓄电池。锂离子蓄电池的主要缺点是成本高。锂离子蓄电池的工作原理如图 1-9 所示。

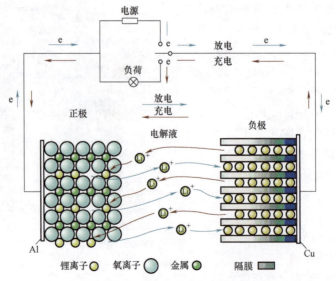

图 1-9 锂离子蓄电池的工作原理

任务 3 检修汽车蓄电池

学习目标

1. 能够使用密度计或蓄电池检测仪对蓄电池进行检测,并判断其性能。
2. 能够正确使用充电机对蓄电池进行充电。
3. 能够正确判断发电机的发电情况。
4. 能够正确选择并更换损坏的蓄电池。

任务引入

冬季汽车起动无力,蓄电池亏电严重,是什么原因造成的?若蓄电池工作不正常,对于汽车运行有什么影响?日常应该怎么维护蓄电池?

一、蓄电池电解液液面高度的检查

(1) 白色塑料壳体的蓄电池。可以直接通过外壳上的液面线进行检查。壳体前侧面上标有两条平行的液面线(图 1-10)。一般分别用 max(或 Upper Level、上液面线)和 min(或 Lower Level、下液面线)表示电解液液面的最高限和最低限,电解液不足应加注蒸馏水。电解液液面应保持在合适高度。

图 1-10 观察电解液液面高度

(2) 不能通过外壳上的液面线进行检测的蓄电池,可以用玻璃管测量液面高度。玻璃管检查电解液液面高度如图 1-11 所示。

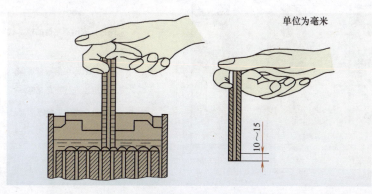

图 1-11 玻璃管检查电解液液面高度

步骤如下：

1）将 1 根空心玻璃管插入蓄电池电解液内的隔板，到与上缘接触为止。

2）用拇指按紧玻璃管上端，使管口密封，提起玻璃管查看液面高度。

3）观察液面高度指示线。正常液面高度应在两线之间的中线上（标准值为 10~15mm），低于中线则为液面过低，应加入蒸馏水补充。

二、蓄电池电解液密度的检测

传统式电解液密度检测如图 1-12 所示。

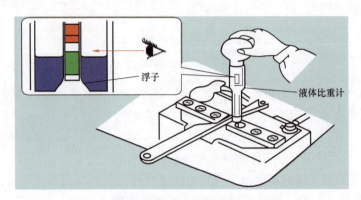

图 1-12 传统式电解液密度检测

传统式电解液密度检测步骤如下：

1）打开蓄电池的加液盖。

2）把密度计下端的橡胶管插入单体蓄电池的加液孔内。

3）用手将橡胶球捏扁，再慢慢放开，电解液就会吸入玻璃管中。

4）控制吸入的电解液不要过多或过少，以能使密度计浮子浮起而不会顶住为宜，读取高度值。

三、蓄电池的技术状况检查

对于无加液孔的全密封型免维护蓄电池，由于不能采用传统的密度计来测量电解液密度以判断其技术状况，因此，这种免维护蓄电池内部一般装有一个小型密度计，通过顶端的检查孔观察其颜色可判断蓄电池的技术状况，如图 1-13 所示。

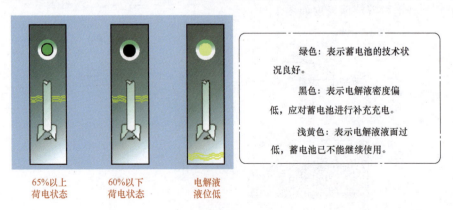

图 1-13 蓄电池技术状况

四、蓄电池"表面充电"

如果蓄电池刚充过电或车辆刚行驶过,应接通前照灯远光 30s 消除"表面充电"(也称为虚电)现象。

然后熄灭前照灯,切断所有负载,进行蓄电池静电压测量。蓄电池静电压一般为 12.2～12.6V,若高于 12.6V,则说明蓄电池存电充足。

五、蓄电池负载电压检测

蓄电池性能检测仪是模拟起动机工作状态、检测蓄电池容量的仪表。由于在检测时蓄电池对负载电阻放电电流可达 100A 以上,所以能比较准确地判定蓄电池的容量和基本性能,是目前普遍使用的检测仪表。以 12V 蓄电池为例,检测方法如下:

1) 将测试夹分别对应夹在蓄电池的正、负接线柱上。此时读数显示的是蓄电池的空载电压值(也称为静电压值)。通常显示为 12.6V 左右为正常。

2) 按下按钮开关,蓄电池开始瞬间大电流放电,在 3～5s 内读出电压表的负载电压指示数值。

3) 若指针稳定在 10～12V 区间(绿色区间),说明蓄电池存电充足,不需要充电。

4) 若指针在 9～10V 区间(黄色区间)说明蓄电池存电不足,需要充电。

5) 若指针在 9V 以下区间(红色区间)说明蓄电池严重亏电,需要立即进行充电。

6) 如果空载电压基本符合要求,但负载时指针迅速下降至红色区域以下,说明蓄电池已经损坏。

注意:此项测量不能连续进行,必须间隔 1min 以上才可以再次进行检测,以防止蓄电池及仪器损坏。

六、蓄电池就车起动检测

蓄电池就车起动检测如图 1-14 所示。

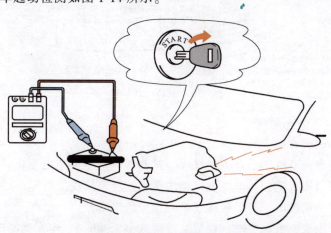

图 1-14 蓄电池就车起动检测

如果没有蓄电池性能检测仪(高率放电计),可在起动系统正常工作时检测蓄电池静电压:

1) 取下燃油泵继电器或燃油泵熔断器。

2）用万用表或电压表检测蓄电池静电压。

3）起动起动机，15s内读取电压表读数。

对于12V蓄电池，起动负载时电压表读数应不低于9.6V。

七、蓄电池漏电测试

漏电测试用来判断所有电路切断时，是否还有某些电气元件或部件在耗用蓄电池电能。蓄电池传统的漏电检测方法有以下几种：

1）刮火法。切断所有电气开关，关好车门，拆下蓄电池搭铁线，对蓄电池负载接线柱刮火，若有火花，说明蓄电池漏电。

2）试灯法。在拆下搭铁线后，用小功率试灯串入蓄电池负接线柱与搭铁线之间，若试灯亮，说明蓄电池漏电。

3）用绝缘电阻表测试。从蓄电池上拆下搭铁线，将绝缘电阻表测试棒分别连接搭铁线与蓄电池正极接线柱，测得的阻值应不小于100Ω，否则，蓄电池漏电将过大。

八、汽车静态电流的检测

汽车静态电流指汽车静置（点火开关置于OFF位置）时，蓄电池提供的电流。有些电子器件在所有开关切断时也一直在工作，如数字钟、发动机电控单元、舒适系统等控制模块的记忆信号电源，其耗电电流一般在20mA左右。如果车辆静态电流大于规定值，应进行静态电流检测，如图1-15所示。

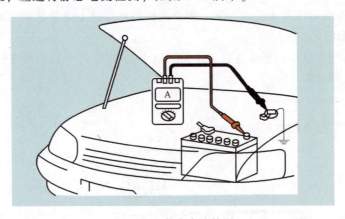

图1-15　静态电流检测

用万用表检测静态电流的步骤：

1）关闭车辆所有电气开关。

2）将万用表调至电流档合适的量程（从高量程逐渐调至低量程）。

3）将万用表黑表笔接蓄电池负极接线柱、红表笔接负极电缆。

4）将蓄电池负极电缆与负极接线柱的连接缓慢断开。

5）读取万用表电流稳定时的读数。若读数小于40mA，本车无漏电。

6）若读数大于40mA，依次断开车上熔片判断漏电位置。

注意：检测静态电流的过程中，万用表的红、黑表笔不得与连接部分断开。

汽车静态电流检测

项目 2

汽车发电机的构造与检修

发电机是将机械能转化为电能的电机。汽车上均采用交流发电机,产生的交流电经过整流变为直流电后供给用电设备。

任务 1　认知交流发电机

学习目标

1. 掌握交流发电机的工作原理。
2. 掌握交流发电机的结构。
3. 掌握交流发电机的工作特性。

任务引入

汽车上除了蓄电池,还有什么供电设备?

一、发电机概述

1. 发电机的功用

发电机是汽车的主要电源,其功用是在发动机正常运转时(转速在怠速以上),向所有用电设备(起动机除外)供电,同时向蓄电池充电。

2. 发电机的分类

汽车用发电机可分为直流发电机和交流发电机,由于交流发电机在许多方面优于直流发电机,目前所有汽车均采用交流发电机。交流发电机按照不同的分类方法分为以下几类:

(1) 按结总体结构分

1) 普通交流发电机(使用时需要配装电压调节器的发电机),例如 JF132 发电机(EQ140 用)。

2) 整体式交流发电机(发电机和电压调节器制成一个整体的发电机),例如别克汽车发动机上装配的 CS 型发电机。整体式交流发电机如图 2-1 所示。

3) 带泵交流发电机(和汽车制动系统用真空助力泵安装在一起的发电机),例如 JFZB292 发电机。

图 2-1 整体式交流发电机

4）无刷交流发电机（不需要电刷的发电机），例如 JFW1913 发电机。永磁交流发电机（磁极为永磁铁制成的发电机）是无刷交流发电机的一种，由于没有电刷和集电环，所以不会因为电刷和集电环的磨损和接触不良造成励磁不稳定或发电机不发电等故障。同时，工作时无火花，也减小了无线电干扰。无刷交流发电机分为爪极式、励磁式和永磁式 3 种。

（2）按整流器结构分

1）6 管交流发电机，例如 JF1522 发电机（东风汽车用）。

2）8 管交流发电机，例如 JFZ1542 发电机。

3）9 管交流发电机，例如 JF2141 发电机（日本日立、三菱、马自达汽车用）。

4）11 管交流发电机，例如 JFZ1913Z 发电机（奥迪、桑塔纳汽车用）。

（3）按磁场绕组搭铁形式分

1）内搭铁型交流发电机，磁场绕组的一端（负极）直接搭铁（和壳体相连）。

2）外搭铁型交流发电机，磁场绕组的一端（负极）接入电压调节器，通过电压调节器后搭铁。

二、发电机的组成与结构

交流发电机一般由转子、定子、整流器、端盖 4 部分组成，如图 2-2 所示。

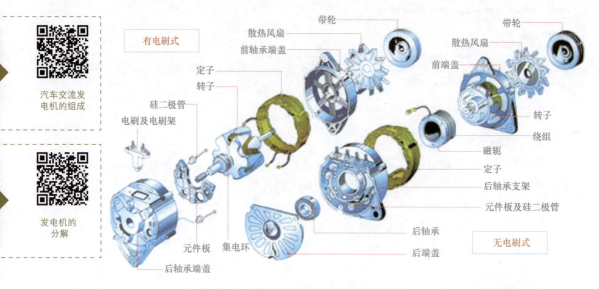

图 2-2 交流发电机的结构

1. 转子

转子的功用是产生旋转磁场。转子由爪极、磁轭、磁场绕组、集电环、转子轴组成，如图 2-3 所示。

转子轴上压装着两块爪极，两块爪极各有 6 个鸟嘴形磁极，爪极空腔内装有磁场绕组（转子线圈）和磁轭。

集电环由两个彼此绝缘的铜环组成，集电环压装在转子轴上并与轴绝缘，两个

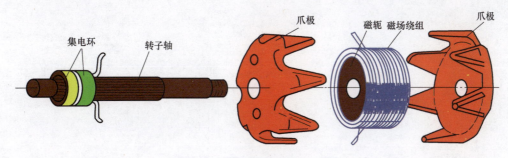

图 2-3 交流发电机的转子组成

集电环分别与磁场绕组的两端相连。

2. 定子

定子的功用是产生交流电。定子由定子铁心和定子绕组成,如图 2-4 所示。

定子铁心由内圈带槽的硅钢片叠成,定子绕组的导线嵌放在铁心的槽中。

定子绕组有三相,三相绕组采用星形联结或三角形(大功率)联结,产生三相交流电。

三相绕组必须按一定要求绕制才能获得频率相同、幅值相等、相位互差 120° 的三相电动势。

3. 整流器

交流发电机整流器的作用是将定子绕组的三相交流电变为直流电。6 管交流发电机的整流器由 6 个硅整流二极管组成三相全波桥式整流电路,6 个整流二极管分别压装(或焊装)在两块板上。

4. 端盖

端盖一般分两部分(前端盖和后端盖),起固定转子、定子、整流器和电刷组件的作用。端盖一般用铝合

图 2-4 交流发电机的定子组成

金铸造,其优点一是可有效地防止漏磁,二是散热性能好。后端盖上装有电刷组件,由电刷、电刷架和电刷弹簧组成。电刷的作用是将电源通过集电环引入磁场绕组。

三、交流发电机工作原理

1. 交流发电原理

在发电机内部有一个由发动机带动的转子(旋转磁场)。磁场外有一个定子绕组,绕组有 3 组线圈(3 相绕组),3 相绕组彼此相隔 120°。当转子旋转时,旋转的磁场使固定的电枢绕组切割磁力线(即使电枢绕组中通过的磁通量发生变化)而产生电动势。

三相桥式整流电路及电压波形如图 2-5 所示,交流电动势的幅值是发电机转速的函数,当转速 n 变化时,三相电动势的波形为变频率、变幅值的交流波形。

2. 整流原理

交流发电机定子的三相绕组中,感应产生的是交流电,通过 6 个二极管组成的三相桥式整流电路变为直流电。二极管具有单向导电性,当给二极管加上正向电压时,二极管导通;当给二极管加上反向电压时,二极管截止。二极管的导通原则如下:

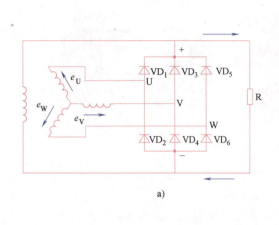
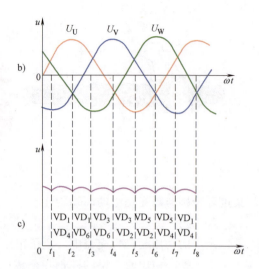

图 2-5 三相桥式整流电路及电压波形
a) 整流电路 b) 三相交流电动势 c) 整流后的平稳脉冲电压

当3个二极管负极端相连时，正极端电位最高者导通；当3个二极管正极端相连时，负极端电位最低者导通。

整流时二极管导通条件：对于3个正二极管（VD_1、VD_3、VD_5 正极和定子绕组始端相连），在某瞬时，电压最高一相的正二极管导通。对于3个负二极管（VD_2、VD_4、VD_6 负极和定子绕组始端相连），在某瞬时，电压最低一相的负二极管导通。但同时导通的二极管总是两个，即正、负二极管各1个。

三相桥式整流电路如图2-6所示。

3. 中性点电压

有的发电机具有中性点接线柱，此接线柱是从三相绕组的中性点引出来的，标记为 N。U_N 称为中性点电压。带中心抽头的交流发电机，中性点电压的瞬时值是一个三次谐波电压，中性点电压的平均值为发电机输出电压平均值的一半。

中性点作用：带有中性点接线柱的发电机可用中性点电压来控制各种用途的继电器。有的发电机没有中性点接线柱，但

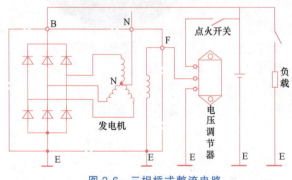

图 2-6 三相桥式整流电路

是也充分利用了中性点电压，这些发电机在中性点处接上两个整流二极管，和三相绕组的六个整流二极管一起输出，提高了发电机功率。

4. 交流发电机的励磁

除了永磁式交流发电机不需要励磁以外，其他形式的交流发电机都需要励磁，因为它们的磁场都是电磁场，必须给磁场绕组通电才会有磁场产生。

将电源引入到磁场绕组使之产生磁场称为励磁。交流发电机励磁方式有自励和他励两种。在发动机起动期间，需要蓄电池供给发电机磁场绕组电流生磁，使发电机发电。这种供给磁场绕组电流的方式称为他励发电。随着发动机转速的提高，发

电机的电动势逐渐升高并能对外输出电压,一般在发动机怠速时发电机就能对外供电。当发电机能对外供电时,可以把自身发的电供给磁场绕组生磁发电,这种供给磁场绕组电流的方式称为自励。

四、交流发电机的工作特性

交流发电机的工作特点是转速变化范围大,对于一般汽油发动机来说,其转速变化约为1:8,柴油发动机约为1:5,因此分析汽车用交流发电机的特性必须以转速的变化为基础。交流发电机的特性有输出特性、空载特性和外特性,其中以输出特性最为重要。

1. 输出特性

输出特性指在发电机端电压 U 不变(对12V系列的交流发电机规定为14V时,输出电流与转速之间的关系。

(1)空载转速 n_1　发电机转速小于一定值时,对外输出电流为零。发电机达到额定电压并能对外输出电流的最小转速 n_1,称为空载转速。空载转速常用来作为测试发电机性能的参数之一。交流发电机的输出特性曲线如图2-7所示。

(2)最大电流 I_{max}　发电机输出电流的能力随转速的升高而增大,但曲线越来越平坦,当转速达到一定值时,无论转速增加多少电流都不再增加,即一定结构的发电机输出最大电流 I_{max} 有一定限制。由此可见,交流发电机自身具有限制输出电流防止过载的能力,又称为自我保护能力。

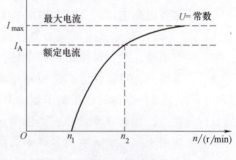

图2-7　交流发电机的输出特性曲线

(3)额定转速 n_2 和额定电流 I_A　发电机出厂时,通过试验,规定了空载转速与额定转速。在使用过程中,可通过检测这两个数据来判断发电机性能的好坏。

发电机达到额定电流 I_A 时的转速称为额定转速。额定电流一般为最大输出电流的2/3。

空载转速与额定转速是测试交流发电机性能的重要依据。

2. 交流发电机自我限流的原理

交流发电机定子绕组具有一定的阻抗 Z,它由绕组的电阻 R 及感抗 X_L 两部分组成,$X_L=2\pi fL$,由于 X_L 与 n 成正比,故发电机定子绕组的阻抗 Z 随发电机的转速升高而增加。高速时,由于 R 与 X_L 相比可忽略不计,故阻抗 Z 约等于 X_L,定子阻抗 Z 与转速 n 成正比,其值较大,产生较大的内压降。

定子电流增加时,由于电枢反应增强,使感应电动势下降。两者共同作用的结果是当发电机的转速升高且负载电流达到最大值时,输出电流几乎不随负载电阻的减小或转速的增大而增大。

交流发电机自我限流的原理如下:发电机输出电压一定时,发电机电流存在最大值,即发电机功率存在最大值(无论转速多高)。限制发电机输出功率,只要限制发电机输出电压即可。限制输出电压后,发电机转速增加,不会出现由于电流过高而烧坏发电机的情况。如果发电机电压过高,通常会损坏用电设备。

任务 2　认知电压调节器

学习目标

1. 掌握电压调节器的分类。
2. 掌握电压调节器的调压原理。
3. 掌握电压调节器的结构与工作原理。

任务引入

发电机发出来的电是不是可以直接被汽车使用？怎样保证发动机运行速度不一样的情况下，汽车上的供电保持稳定？

一、电压调节器的分类

1. 按工作原理分类

按工作原理不同，电压调节器可分为触点式电压调节器、晶体管电压调节器、集成电路电压调节器、ECU 控制电压调节器。

1) 触点式电压调节器。触点式电压调节器应用较早，这种电压调节器触点振动频率慢，存在机械惯性和电磁惯性，电压调节精度低，触点易产生火花，对无线电干扰大，可靠性差，使用寿命短，现已被淘汰。

2) 晶体管电压调节器。其优点是晶体管的开关频率高，且不产生火花，调节精度高，还具有重量轻、体积小、使用寿命长、可靠性高、电波干扰小等优点，广泛应用于东风、解放及多种中低档车型。

3) 集成电路电压调节器。集成电路电压调节器安装于发电机的内部（又称内装式电压调节器），减少了外接线，并且冷却效果得到了改善，广泛应用于桑塔纳、奥迪等多种轿车的车型上。

4) ECU 控制电压调节器。ECU 控制电压调节器是一种新型电压调节器，由发动机 ECU 控制电压调节器，适时地接通和断开磁场电路，既能可靠地保证电气系统正常工作，使蓄电池充电充足，又能减轻发动机负荷，提高燃料经济性。上海别克、广州本田等轿车车型上使用了这种电压调节器。

2. 按所匹配的交流发电机搭铁形式分类

按所匹配的交流发电机搭铁形式不同，电压调节器可分为内搭铁型电压调节器和外搭铁型电压调节器两种。

1) 内搭铁型电压调节器：适合与内搭铁型交流发电机匹配的电压调节器。
2) 外搭铁型电压调节器：适合与外搭铁型交流发电机匹配的电压调节器。

二、电压调节器的选配

对于晶体管电压调节器，最好使用汽车说明书中指定的电压调节器，如果采用其他型号的电压调节器替代，除标称电压等规定参数与原电压调节器相同外，代用电压调节器必须与原电压调节器的搭铁形式相同，否则，发电机可能由于励磁电路不通而不能正常工作。对于集成电路电压调节器，必须是专用的，不能替代。

三、电压调节器的调压原理

交流发电机每相绕组产生的相电动势的有效值为

$$E_\phi = Cn\Phi$$

式中，C 为发电机的结构常数，n 为转子转速，Φ 为转子的磁极磁通，即发电机所产生的感应电动势与转子转速和磁极磁通成正比。

交流发电机电压调节器的工作原理是：当交流发电机的转速升高时，电压调节器通过减小发电机的励磁电流来减小磁通，使发电机的输出电压保持不变。

任务 3 检修交流发电机与电压调节器

学习目标

1. 了解交流发电机与电压调节器的使用注意事项。
2. 学会交流发电机与电压调节器的维护与检修方法。

任务引入

交流发电机使用过程中怎样减少损伤？

一、交流发电机与电压调节器的维护

交流发电机在使用中，应定期进行以下检查。

1. 检查发电机驱动带

1）检查驱动带的外观。直接观看，应无裂纹或磨损现象，如有则应更换。

2）检查驱动带的挠度。用 100N 的力压在驱动带的两个传动轮之间，新带挠度应为 5~10mm，旧带挠度应为 7~14mm。

2. 检查导线的连接

1）检查接线是否正确。

2）检查接线是否牢靠。

3）发电机输出端接线螺钉必须加弹簧垫。

3. 检查是否发电

1）观察充电指示灯是否熄灭。若充电指示灯一直亮着，说明发电机或电压调节器有故障，也可能是充电指示灯电路有故障，应及时维修。

2）用万用表直流电压档测量电压。在发电机未转动时测量蓄电池端电压，并记录下来，起动发动机并将转速提高到怠速以上转速，测量蓄电池端电压，若高于原记录，说明发电机能发电；若测量电压一直不上升，说明发电机或电压调节器有故障，应及时维修。

4. 发电机拆下解体检修

当发现发电机或电压调节器有故障需要从车上拆下检修时，应首先关断点火开关及一切用电设备，拆下蓄电池负极电缆，再拆卸发电机上的导线插头。

二、交流发电机与电压调节器的使用注意事项

交流发电机与电压调节器在使用和维护中应注意以下几点：

1）蓄电池必须是负极搭铁，不能接反。否则，会烧坏发电机或电压调节器的电子元件。

2）发电机运转时，不能用"试火"的方法检查发电机是否发电，否则会烧坏二极管。

3）整流器和定子绕组连接时，禁止用绝缘电阻表或220V交流电源检查发电机的绝缘情况。

4）发电机与蓄电池之间的连接要牢靠，如果突然断开，会产生过电压损坏发电机或电压调节器的电子元件。

5）一旦发现交流发电机或电压调节器有故障，应立即检修，及时排除故障，不应继续工作。

6）为交流发电机配用电压调节器时，交流发电机的电压等级必须与电压调节器电压等级相同，交流发电机的搭铁类型必须与电压调节器搭铁类型相同，电压调节器的功率不得小于发电机的功率。

7）电路连接必须正确。目前各种车型电压调节器的安装位置及接线方式各不相同，故接线时要特别注意。

8）电压调节器必须受点火开关控制，发电机停止运转时，应将点火开关断开，否则会使发电机的磁场电路一直处于接通状态，不但会烧坏磁场线圈，而且会引起蓄电池亏电。

三、电源系统的常见故障诊断与排除

电源系统的故障主要有不充电、充电电流过小和充电电流过大等。

1. 不充电

（1）故障现象　发动机高速运转，放电警告灯不熄灭。

（2）故障原因　电路断开或短路；发电机本身故障；电压调节器故障。

（3）判断步骤与方法

1）检查发电机传动带的状况。

① 检查发电机传动带的松紧度。用手指压下传动带的中部，若压下量过大，说明发电机传动带过松，应进行调整。

② 检查发电机传动带是否打滑。

2）检查充电电路各导线和插头有无断裂或松脱，检查发电机的接线是否正确。

3）起动发动机后用万用表测量发电机正极的电压，电压应为14~15V，如果电压为蓄电池电压，说明发电机有故障。

4）若发电机有故障，可用万用表测量各接线柱之间的电阻值，粗略判断故障所在。测量前，拆下发电机各接线柱上的导线，将万用表置于R×1档测量各接线柱间的电阻值，其阻值应符合规定。若不符合规定，应对发电机进行拆检。

5）如果发电机本身无故障，电路也无故障，应更换电压调节器。

2. 充电电流过小

（1）故障现象　蓄电池经常存电不足；打开前照灯时灯光暗淡，按动电喇叭时

声音小。

(2) 判断步骤与方法

1) 外观检查。

① 检查发电机传动带的松紧度，用手指按下传动带的中部，若压下量过大，说明发电机传动带过松，应进行调整。

② 检查充电电路各导线接头是否接触不良或锈蚀脏污。

2) 如果传动带正常，外部电路正常，则更换发电机。

3. 充电电流过大

(1) 故障现象　容易发生用电设备因电压过高而烧毁的现象；蓄电池电解液损耗过快。

(2) 判断步骤与方法　充电电流过大的故障，一般都是电压调节器失调所致，一般更换电压调节器即可。

四、汽车发电机部件的检修

1. 转子的检修

1) 用万用表 R×1 档检测集电环之间磁场绕组的电阻，应与标准相符，一般为 $1.5 \sim 3\Omega$。

2) 若阻值为"∞"，说明电路断路；若阻值过小，说明电路短路。

3) 检测集电环与铁心（或转子轴）之间的电阻，应为"∞"，否则为搭铁故障。

转子绕组的检测

4) 如果出现断路、短路或搭铁故障，应更换转子总成。

2. 集电环及转子轴的检修

1) 集电环表面应平整光滑，若有轻微烧蚀，应用进行打磨。若烧蚀严重，应在车床上精车加工。

2) 转子轴检修时，用百分表测量转子轴径向圆跳动，应与规定相符，否则应予以校正。

3. 定子的检修

1) 断路故障应用 35W/220V 的电烙铁焊接修复或更换定子总成。

2) 用万用表检测定子绕组各相邻接线端之间的阻值，应小于 1Ω。

3) 用万用表检测定子绕组接线端与定子铁心之间的阻值，应为"∞"。

定子绕组的检测

4. 整流二极管的检测

(1) 使用数字式万用表对二极管的极性进行判别

1) 将数字式万用表调至二极管档位，用正极测试笔（红色）接二极管端子，负极测试笔（黑色）接二极管外壳，其正向电压降应为 $400 \sim 600$mV，反向测量应无电压降。若符合，说明该二极管为正二极管，且极性正常。

2) 用万用表正极测试笔（红色）接二极管外壳，负极测试笔（黑色）接二极管端子，其正向电压降应为 $400 \sim 600$mV，反向测量应无电压降。若符合，说明该二极管为负二极管，且极性正常。

整流二极管的检测

(2) 使用指针式万用表对二极管的极性进行判别

1) 将指针式万用表用负极测试笔（黑色）接二极管端子，正极测试笔（红色）接二极管外壳，若阻值为 $8 \sim 10\Omega$，反向测量时阻值大于 $10k\Omega$，则该二极管为正二极管，且极性正常。

2）将指针式万用表用负极测试笔（黑色）接二极管外壳，正极测试笔（红色）接二极管端子，若阻值为 $8\sim10\Omega$，反向测量时阻值大于 $10k\Omega$，则该二极管为负二极管，且极性正常。

3）测量其电阻，正、反各两次。若电阻值一次大于 $10k\Omega$，一次为 $8\sim10\Omega$，说明二极管良好。若两次测量阻值均为"∞"，则为断路；若均为 0Ω，则为短路。

（3）检修注意事项　对焊接式整流二极管来说，只要有一个二极管损坏，则需要更换该二极管所在的正或负整流板总成；若为压装结构，则只需更换故障二极管即可。

项目3
汽车起动系统的构造与检修

发动机由静止状态过渡到自行运转状态的过程称为起动。在汽车发展过程中出现过多种起动形式,其中电力起动具有操作简便、起动迅速、具有重复起动能力、可以远距离控制等特点,在汽车上得到广泛应用。起动系统由蓄电池、起动机、起动继电器、点火开关等组成。

汽车起动系统的组成

任务1　认知常规起动机

学习目标

1. 掌握起动机的基本组成。
2. 掌握常规起动机的工作原理。

任务引入

起动车辆时能听见"哒哒"的声音,但是发动机不运转,试分析故障原因,应如何应对?

一、起动机的类型和基本要求

起动机有电磁控制强制啮合式起动机、永磁起动机和减速起动机等类型,其中永磁起动机目前应用最为广泛。起动机需要满足以下要求:

1) 起动时应该平顺,起动机的齿轮与发动机的飞轮齿圈啮合要柔和,不应发生冲击。
2) 发动机起动后,起动机的小齿轮应能自动打滑或脱离啮合。
3) 发动机在工作时,起动机的小齿轮不能再进入啮合,防止发生冲击。
4) 起动机结构应简单、工作可靠。

二、起动机的组成

起动机一般由直流电动机、传动机构和控制装置(也称电磁开关)三部分组成。图3-1所示是起动机和发动机的装配关系,图3-2所示是起动机的组成。

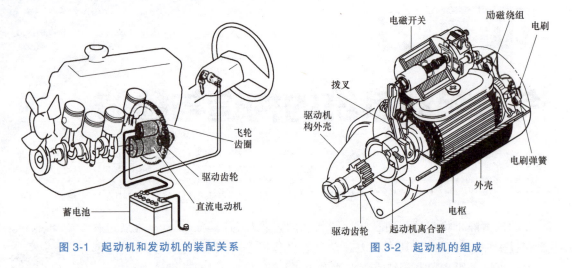

图 3-1　起动机和发动机的装配关系

图 3-2　起动机的组成

三、直流电动机

1. 串励直流电动机

直流电动机的作用是产生转矩。汽车起动机一般均采用串励直流电动机。"串励"指电枢绕组与励磁绕组串联。

直流电动机由磁极、电枢、换向器和外壳等组成，如图 3-3 所示。

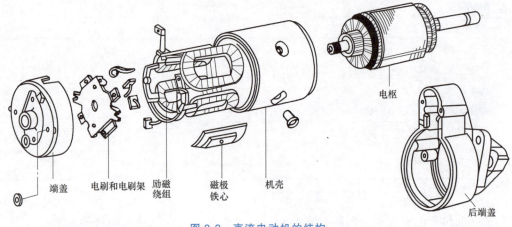

图 3-3　直流电动机的结构

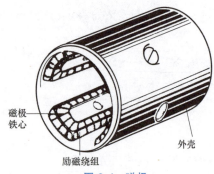

图 3-4　磁极

1）磁极。磁极的作用是产生电枢转动时所需要的磁场，它由固定在机壳上的磁极铁心和励磁绕组组成，如图 3-4 所示。图 3-5 所示为励磁绕组的内部电路连接方法，励磁绕组一端接在外壳的绝缘接线柱上，另一端与两个非搭铁电刷相连。

若使用永久磁铁来代替励磁绕组，则起动机称为永磁式起动机。

2）电枢。图 3-6 所示为电枢总成，由外圆带槽的硅钢片叠成的铁心和电枢绕组组成，励磁绕组和电枢绕组一般采用矩形断面的裸铜线绕制。

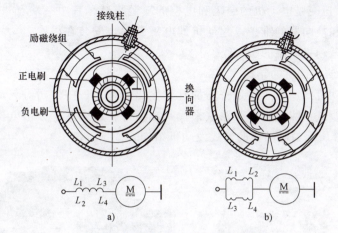

图 3-5　励磁绕组的内部电路连接方法

a) 4 个绕组相互串联　b) 2 个绕组串联后再并联

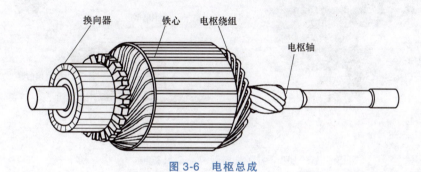

图 3-6　电枢总成

换向器装在电枢轴上,它由许多换向片组成。换向片嵌装在轴套上,各换向片之间均用云母绝缘。

3) 电刷。电刷和换向器配合使用可用来连接励磁绕组和电枢绕组的电路,并使电枢轴上的电磁转矩保持固定方向。

电刷装在端盖上的电刷架中,电刷弹簧使电刷与换向片之间具有适当的压力以保持配合。电刷及电刷架的组合如图 3-7 所示。

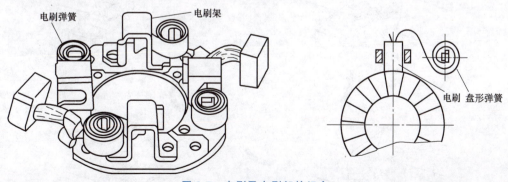

图 3-7　电刷及电刷架的组合

以 4 磁极电动机为例,其中 2 个电刷与机壳绝缘,电流通过这 2 个电刷进入电枢绕组,另外 2 个为搭铁电刷,通过电枢绕组的电流通过这 2 个电刷搭铁。

4)机壳。机壳是电动机的磁极和电枢的安装机体,其中一端有4个检查窗口,便于进行电刷和换向器的维护。起动机的电磁开关也安装在机壳上,其上有一个绝缘接线端,接电动机电流的引入线。

2. 新型直流电动机的结构

为减小起动机的尺寸和质量,增加有效输出功率,一些公司对起动机中的电动机进行了很多改进,除使用永久磁铁来代替磁极外,还采用了方形电枢绕组和侧面换向器。图3-8所示为侧面换向器式发动机结构。

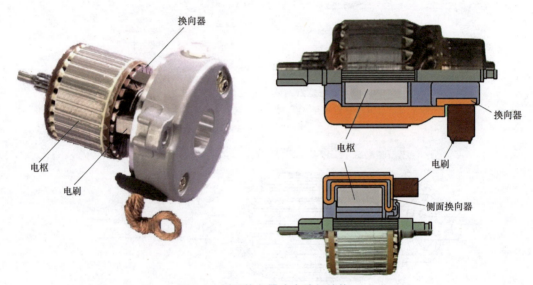

图3-8 侧面换向器式电动机结构

3. 直流电动机的工作原理

直流电动机的基本工作原理是通电的导体在磁场中会受电磁力作用(图3-9),电磁力的方向遵循左手定则。

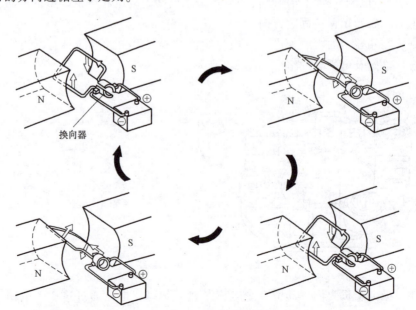

图3-9 直流电动机的原理

两片换向片分别与环状线圈的两端连接，电刷一端与两换向器片相接触，另一端分别接蓄电池的正极和负极。在环状线圈中，电流的方向交替变化，用左手定则判断可知，环状线圈在电磁转矩作用下按顺时针方向连续转动。这样在电源连续对电动机供电时，其线圈不停地向同一方向转动。为了增大输出转矩并使其运转均匀，实际的电动机中电枢采用多匝线圈。

4. 直流电动机的工作特性

直流电动机的工作特性如下：

1）电动机中电流越大，电动机产生的转矩越大。
2）电动机的转速越高，电枢绕组中产生的反向电动势越大，电流随之下降。

起动机在初始起动期间和正常起动期间各项指标的比较见表 3-1。

表 3-1　起动机在初始起动和正常起动期间主要性能比较

阶段 项目	初始起动期间	正常起动期间
电动机转速	较低	较高
电动机电流	较大	较小
电动机产生的转矩	较大	较小
电枢中的反向电动势	较小	较大

串励直流电动机的转矩 M、转速 n 和功率 P 随电枢电流变化的规律，称为串励直流电动机的特性。图 3-10 所示为串励直流电动机的特性曲线，其中曲线 M、n 和 P 分别代表转矩特性、转速特性和功率特性。

结合表 3-1 和图 3-10 可知，在起动机起动的瞬间，电枢转速为零，电枢电流达到最大值，转矩也相应达到最大值，发动机的起动很容易。此外，串励式电动机具有轻载转速高，重载转速低的特性，对保证起动安全可靠非常有利，这是汽车起动机采用串励式电动机的主要原因。

串励式电动机的功率 P 可用下式表示：

$$P = Mn/9550$$

式中，M 是电枢轴上的转矩（N·m）；n 是电枢转速（r/min）。

电动机完全制动时，转速和输出功率为零，转矩达到最大值。空载时，电流最小，转速最大，输出功率为零。当电枢电流接近制动电流的一半时，电动机输出功率最大。

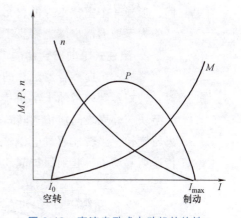

图 3-10　直流串励式电动机的特性

四、传动机构

传动机构的作用是把直流电动机产生的转矩传递给飞轮齿圈，再通过飞轮齿圈把转矩传递给发动机的曲轴，使发动机起动。起动后，飞轮齿圈与驱动齿轮自动打滑脱离。传动机构一般由驱动齿轮、单向离合器、拨叉、啮合弹簧等组成。单向离合器有滚柱式、摩擦片式、弹簧式等几种类型，其中滚柱式单向离合器是最常用的。

下面以滚柱式单向离合器为例,介绍其结构和工作原理。

1. 滚柱式单向离合器的结构

滚柱式单向离合器的结构如图3-11所示。滚柱式单向离合器的驱动齿轮与外壳制成一体,外壳内装有十字块和4套滚柱、压帽和弹簧。十字块与花键套筒固连,壳底与外壳相互扣合密封。

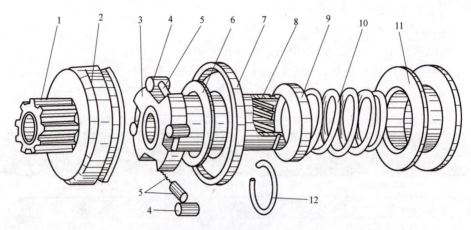

图3-11 滚柱式单向离合器的结构

1—驱动齿轮 2—外壳 3—十字块 4—滚柱 5—压帽和弹簧 6—垫圈 7—护盖 8—花键套筒
9—弹簧座 10—啮合弹簧 11—拨环 12—卡簧

花键套筒的外面装有啮合弹簧及弹簧座,末端安装着拨环与卡簧。整个离合器总成套装在电动机轴的花键部位上,可做轴向移动和随轴转动。在外壳与十字块之间,形成4个宽窄不等的楔形槽,槽内分别装有一套滚柱、压帽及弹簧。滚柱的直径略大于楔形槽窄端,略小于楔形槽的宽端。

2. 滚柱式单向离合器的工作原理

滚柱式单向离合器滚柱的受力及作用示意图如图3-12所示。当起动机电枢旋转时,转矩经套筒带动十字块旋转,滚柱滚入楔形槽窄端,将十字块与外壳卡紧,使十字块与外壳之间能传递转矩,如图3-12a所示。发动机起动后,飞轮齿圈带动驱动齿轮旋转,当转速超过电枢转速时,滚柱滚入宽端打滑,这样发动机的转矩就不会传递至起动机,起到保护起动机的作用,如图3-12b所示。

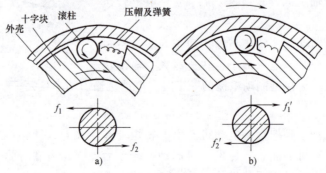

图3-12 滚柱的受力及作用示意图
a) 起动时 b) 起动后

五、控制装置

电磁控制装置在起动机上称为电磁开关,它的作用是控制驱动齿轮与飞轮齿圈的啮合与分离,并控制电动机电路的接通与断开。汽车起动机均采用电磁式控制电路,电磁开关利用电磁力操纵拨叉,使驱动齿轮与飞轮齿圈啮合或分离。

(1)电磁开关的组成 图3-13所示为其结构。电磁开关主要由吸引线圈、保持线圈、回位弹簧、活动铁心、接触片等组成。其中,端子C接点火开关,通过点火开关接电源。端子30直接连接至电源。

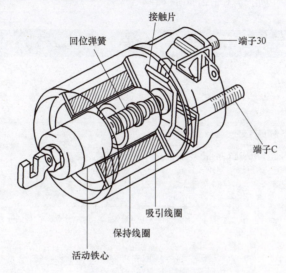

图3-13 电磁开关的结构

(2)基本工作过程 电磁开关的工作过程如图3-14所示。

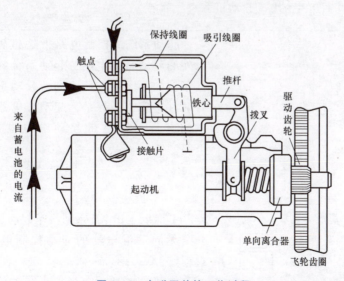

图3-14 电磁开关的工作过程

起动电路接通后,电流经起动机接线柱进入保持线圈后直接搭铁,吸引线圈的电流未直接搭铁,而是进入电动机的励磁绕组和电枢后搭铁。两线圈通电后产生较强的电磁力,克服回位弹簧弹力使活动铁心移动,一方面通过拨叉带动驱动齿轮移向飞轮齿圈并与之啮合,另一方面推动接触片移向触点,在驱动齿轮与飞轮齿圈进入啮合后,接触片将两个触点接通,使电动机通电运转。在驱动齿轮进入啮合之前,由于经过吸引线圈的电流经过了电动机,所以电动机在这个电流的作用下会缓慢旋转,以便驱动齿轮与飞轮齿圈进入啮合。在两个触点接通之后,蓄电池的电流直接通过触点和接触片进入电动机,使电动机进入正常运转,此时通过吸引线圈的电路被短路,吸引线圈中无电流通过,触点接通的位置靠保持线圈来保持。发动机起动后,切断起动电路,保持线圈断电,在弹簧的作用下活动铁心回位,切断了电动机的电路,同时使驱动齿轮与飞轮齿圈脱离啮合。

任务 2　认知起动系统控制电路

学习目标

1. 能够分析起动系统控制电路。
2. 能够结合实际车型的起动系统控制电路说明其起动过程。

任务引入

某北京切诺基越野车,在行驶途中停车后起动困难,起动机无任何反应,试分析其原因。

起动机的控制装置通常由主开关、拨叉、操纵元件和回位弹簧等组成。操纵元件、回位弹簧和主开关控制起动机主电路的接通和断开;拨叉控制单向离合器,使驱动齿轮进入和退出与飞轮齿圈的啮合。起动机不转的原因可能是起动机控制电路故障、起动继电器故障、点火开关故障、电磁开关故障、起动机本身故障等。

起动系统的控制电路指除起动机本身电路以外的起动系统电路,起动系统的控制电路根据车型的不同而有所不同。起动系统控制电路有两种形式,一种是无起动继电器的起动控制电路,另一种是带起动继电器的起动控制电路。

一、无起动继电器的起动控制电路（图 3-15）

下面以丰田 AE 系列汽车起动控制电路为例介绍无起动继电器的起动控制电路及其工作过程。

如图 3-16 所示,当点火开关位于起动位置时,电流的流向为蓄电池"+"→点火开关→端子 50→保持线圈→搭铁,同时吸引线圈中也通过电流,方向为蓄电池"+"→点火开关→端子

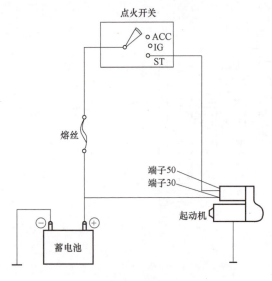

图 3-15　无起动继电器的起动控制电路

50→吸引线圈→端子 C→励磁绕组→电枢→搭铁。此时由于吸引线圈和励磁绕组中的电流非常小，电动机低速运转。同时，吸引线圈和保持线圈中产生的磁场吸引活动铁心向右运动，克服回位弹簧的作用力，拉动拨叉，拨叉使离合器的驱动齿轮向左和飞轮齿圈啮合。这个过程中电动机的转速低，可以保证齿轮之间平顺啮合。

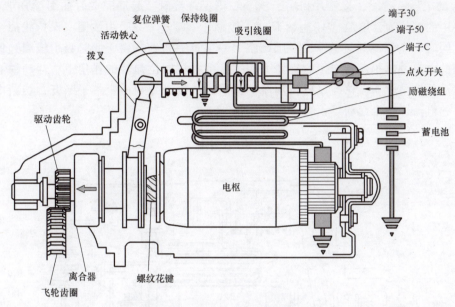

图 3-16 点火开关位于起动位置

当驱动齿轮和飞轮齿圈完全啮合以后，如图 3-17 所示，与活动铁心连在一起的接触片向右运动，和端子 30、C 接触，从而接通了主开关，通过起动机的电流增大，电动机的转速升高。电枢轴上的螺纹花键使驱动齿轮和飞轮齿圈更加牢固地啮合。

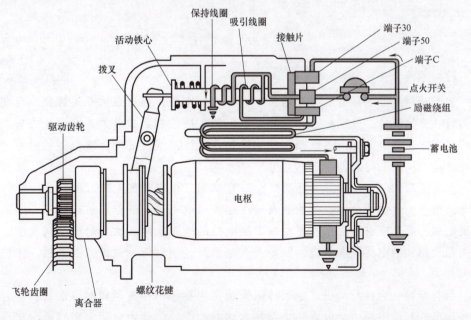

图 3-17 驱动齿轮和飞轮齿圈完全啮合

此时吸引线圈两端的电压相等，所以无电流通过。保持线圈产生的磁场力使活动铁心保持在原位不动。此时的电流方向分别为蓄电池"+"→点火开关→端子50→保持线圈→搭铁；蓄电池"+"→端子30→接触片→端子C→励磁绕组→电枢→搭铁。

发动机起动以后，点火开关会从"START"档回到"ON"档，这就切断了端子50上的电压。这时，接触片和端子30、C仍保持接触。起动完成时如图3-18所示，电路中的电流为蓄电池"+"→端子30→接触片→端子C→吸引线圈→保持线圈→搭铁。同时，电流还经过端子C→励磁绕组→电枢→搭铁。由于此时吸引线圈和保持线圈的电流方向相反，产生的磁场力相互抵消，在回位弹簧的作用下，活动铁心向左运动，使得驱动齿轮与飞轮齿圈脱离，同时，接触片和两个端子断开，切断电动机中的电流，整个起动过程结束。

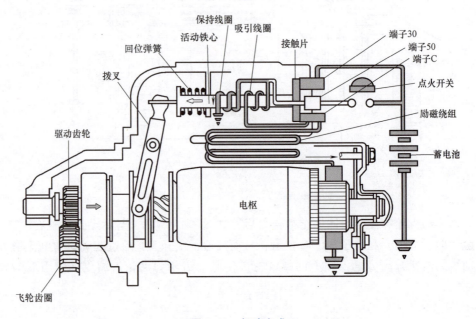

图 3-18　起动完成

二、带起动继电器的控制电路

装起动继电器的目的是减小通过点火开关的电流，防止点火开关烧损。起动继电器有4个接线柱，分别标注起动机、蓄电池、搭铁和点火开关，点火开关与搭铁接线柱之间是继电器的电磁线圈，起动机和蓄电池接线柱之间是继电器的触点。带起动继电器的控制电路如图3-19所示。

发动机起动时，点火开关起动档（ST）接通，继电器的电磁线圈通电，使触点闭合，电源的电流便经继电器的触点通往起动机电磁开关的起动机接线柱，电磁开关通电后，起动机进入工作状态。由于继电器的线圈电阻较大，起动期间流经点火开关起动档和继电器线圈的电流较小，大电流经过继电器开关流入起动机，保护了点火开关。

有时驾驶人会在发动机怠速运转期间误认为发动机没有运转而再次起动，为此一些车型的起动电路中会设置防止重复起动的功能。例如大众新宝来汽车会在点火开关中设置锁止功能，发动机运行期间驾驶人不能将钥匙从"点火"位置旋转至

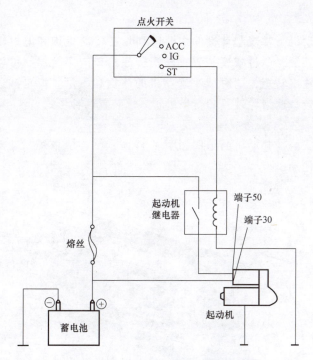

图 3-19 带起动继电器的控制电路

"起动"位置。有些车型会在起动电路中增加防止重复起动的继电器或是在"一键起动"功能的电路中设置防止重复起动的功能。

大多数汽车起动继电器线圈通过防盗系统搭铁,发动机起动时,只有防盗系统发出起动信号后,继电器线圈才能搭铁;如果防盗系统没有收到起动信号,则继电器线圈中无电流,起动机就不能工作,实现了防盗功能。

任务 3 认知减速起动机

学习目标

1. 掌握减速起动机的基本类型。
2. 掌握减速起动机的结构和工作原理。

任务引入

什么是减速起动机?和常规起动机有什么区别?电枢轴与驱动齿轮之间装有齿轮减速器的起动机,称为减速起动机。汽车减速起动机与一般起动机相比多了一套减速齿轮,减速齿轮大多采用行星齿轮组,也有用普通齿轮的。减速起动机比普通直接驱动起动机减小了体积与质量,增大了转矩,因此起动性能比直接驱动起动机优越,尤其冬天更能显示其优势。减速起动机在使用一段时间后会有一些常见故障,需要做好故障的诊断与排除工作。

永磁减速起动机的组成及工作原理

励磁减速起动机的组成及工作原理

一、减速起动机的基本结构和工作原理

减速起动机与常规起动机的主要区别是在传动机构和电枢轴之间安装了一套齿轮减速装置，通过减速装置把转矩传递给单向离合器，可以降低电动机的速度并增大输出转矩，同时减小起动机的体积和质量。齿轮减速装置主要有平行轴式外啮合减速齿轮装置和行星齿轮减速装置两种形式。

1. 平行轴式外啮合减速起动机

平行轴式减速起动机的结构如图3-20所示，在电枢轴与驱动齿轮之间利用惰轮作中间传动。

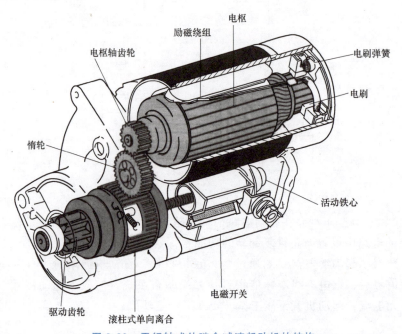

图3-20 平行轴式外啮合减速起动机的结构

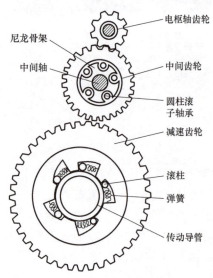

图3-21 减速齿轮啮合关系和单向离合器示意图

（1）电动机 该电动机4个励磁绕组相互并联后再与电枢绕组串联，仍为串励式电动机。其基本部件与常规起动机相似，此处不再介绍。

（2）传动机构及减速装置 图3-21所示为减速齿轮啮合关系和单向离合器示意图。

滚柱式单向离合器设置在减速齿轮内壳，其内壳制成楔形空腔，传动导管装入时将空腔分割成5个楔形腔室，腔室内放置滚柱和弹簧。平时在弹簧张力作用下，滚柱滚向楔形腔室窄端，传递动力时，由滚柱将传动导管和减速齿轮卡紧成一体。离合器的工作原理和常规起动机中的滚柱式单向离合器工作原理相同，此处不再进行介绍。

减速装置采用平行轴式外啮合减速齿轮装置，该装置设有3个齿轮，即电枢轴齿轮、惰轮（中间齿轮）和减速齿轮。与常规起动机相比，该减速装置传动比较大，

输出转矩也较大。

（3）控制装置及工作过程　下面以丰田花冠汽车中平行轴式减速起动机为例，结合电路图分析其工作原理。如图 3-22 所示，控制装置的结构同传统电磁控制装置大致相同，不同之处在于活动铁心的左端固装的挺杆，经钢球推动驱动齿轮轴，右端绝缘地固装着接触片。起动机不工作时，触盘与触点分开，驱动齿轮与飞轮齿圈分离。

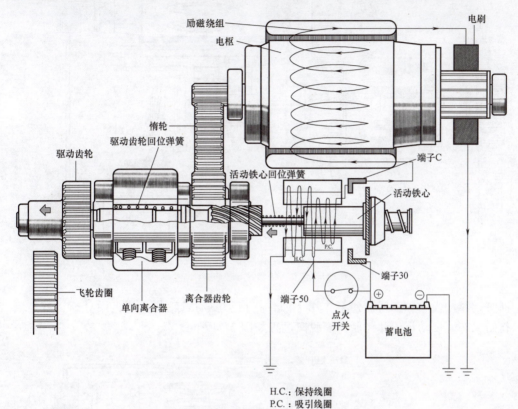

H.C.：保持线圈
P.C.：吸引线圈

图 3-22　平行轴式减速起动机的结构及电路图

其工作过程如下：

接通点火开关，吸引线圈和保持线圈通电，此时的电流流向为蓄电池→点火开关→端子 50→保持线圈→搭铁；蓄电池→点火开关→端子 50→吸引线圈→端子 C→励磁绕组→电枢→搭铁。此时电动机低速运转。驱动齿轮和飞轮齿圈啮合过程如图 3-23 所示。

吸引线圈和保持线圈的电磁力吸引活动铁心左移，推动驱动齿轮轴，迫使驱动齿轮与飞轮齿圈啮合，这种动作过程称为直动齿轮式。驱动齿轮与飞轮齿圈进入啮合后，接触片和触点接触，此时电流的方向为蓄电池→点火开关→端子 50→保持线圈→搭铁。这样保持线圈产生的磁场使活动铁心保持在原位。同时，电流流经励磁绕组，电路为蓄电池"+"→端子 30→接触片→端子 C→励磁绕组→电枢→搭铁。这样电枢电路接通并开始旋转。电枢轴产生的转矩经电枢轴齿轮→惰轮→减速齿轮→滚柱式单向离合器→驱动齿轮轴→驱动齿轮→飞轮齿圈，带动曲轴旋转，使发动机起动。

发动机起动后，放松点火开关，点火开关回到"点火"档。吸引线圈和保持线圈断电，活动铁心在回位弹簧张力作用下回位，接触片与触点分离，电枢停止转动。

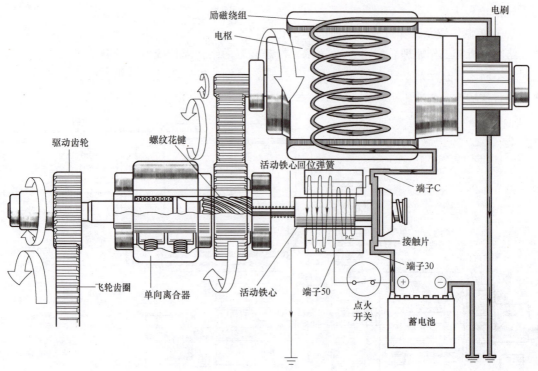

图 3-23 驱动齿轮和飞轮齿圈啮合过程

同时,驱动齿轮轴在回位弹簧作用下回位,拖动驱动齿轮与飞轮齿圈分离,恢复到初始状态。驱动齿轮和飞轮齿圈脱离过程如图 3-24 所示。

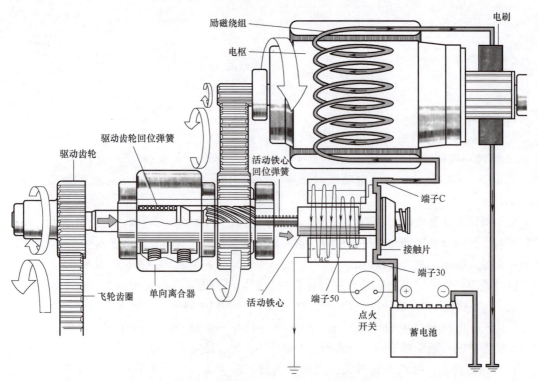

图 3-24 驱动齿轮和飞轮齿圈脱离过程

2. 行星齿轮式减速起动机

行星齿轮式减速起动机的结构如图 3-25 所示。

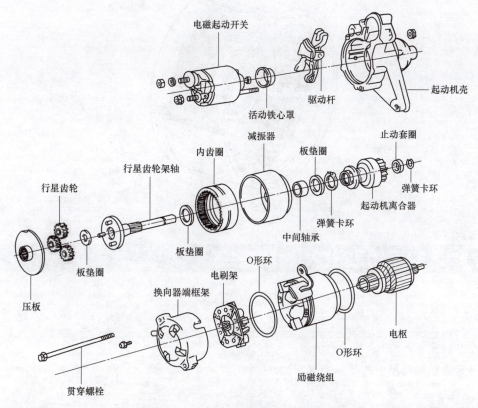

图 3-25 行星齿轮式减速起动机的结构

此种起动机的控制电路及电动机与常规起动机基本相同，主要区别在于使用了一套行星齿轮机构。该起动机的传动机构采用滚柱式单向离合器，用拨叉拨动驱动齿轮移动。其结构与工作过程和传统式起动机类似。

行星齿轮减速装置中设有 3 个行星轮、1 个太阳轮（电枢轴齿轮）和 1 个固定的内齿圈，其结构如图 3-26 所示。

内齿圈固定不动，行星齿轮支架是一个具有一定厚度的圆盘，圆盘和驱动齿轮轴制成一体。3 个行星齿轮连同齿轮轴一起压装在圆盘上，行星齿轮在轴上可以边自转边公转。驱动齿轮轴一端制有螺旋键齿，与离合器传动导管内的螺旋键槽配合。

减速装置中内齿圈的结构如图 3-27 所示。为防止起动机中过大的转矩对齿轮造成损坏，弹簧垫圈把离合器片压紧在内齿圈上，这样当内齿圈受到的转矩过大时，离合器

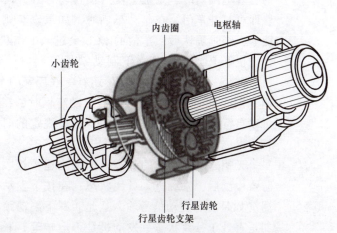

图 3-26 行星齿轮减速装置的结构

片和弹簧垫圈可以吸收过大的转矩。

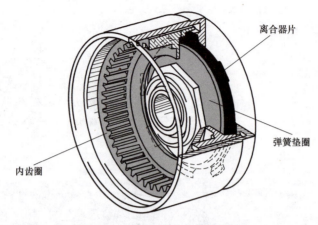

图 3-27 减速装置中内齿圈的结构

任务4 认知无钥匙进入/起动系统

学习目标

1. 掌握无钥匙进入/起动系统的功用。
2. 掌握无钥匙起动系统的基本原理。

任务引入

很多汽车上安装了无钥匙进入/起动系统,你知道它的工作原理吗?试列举哪些车型配有无钥匙进入/起动系统。

出于便利性等要求,当前汽车上大量使用无钥匙进入和起动系统。一般带无钥匙起动系统的车辆也具备无钥匙进入功能。当车外天线检测到汽车钥匙在车辆周围的有效范围内时,系统会使门锁自动打开并解除防盗,这时拉拽把手或触摸特定位置即可打开车门。在起动车辆时,如果汽车钥匙在车内,检测系统会立刻识别出智能卡,经过确认后,车内的 ECU 会进入工作状态。在满足一定条件(如自动变速器档位位于 P 或 N 位,踩下制动踏板等)时,驾驶人按下"Engine Start Stop"按钮(图 3-28a),车辆即可起动。还有一些厂家的车型能够利用遥控起动钥匙遥控起动车辆(图 3-28b)。利用遥控功能起动车辆时,在一定的条件下,发动机受 ECU 的控制可以自行起动并运行一定时间,若在规定的时间内驾驶人未进入车辆,发动机会自行熄火。

无钥匙起动系统的基本原理是当遥控接收器检测到钥匙位于驾驶室内,并通过防盗检测后,系统进入备用状态;在按下发动机起动按钮后,ECU 会进行一系列检测(如是否有起动信号输入、是否踩下制动踏板、变速器是否位于 P 或 N 位、离合器是否处于分离状态、发动机是否运转等)检测确认后,ECU 通过晶体管控制起动机的工作。

项目3 | 汽车起动系统的构造与检修

a)　　　　　　　　　　　　　　　　b)

图 3-28　无钥匙起动按钮及遥控起动钥匙

图 3-29 所示为一汽奥迪系列汽车无钥匙起动系统工作原理。图 3-30 所示为大众奥迪系列车型无钥匙起动系统电路。

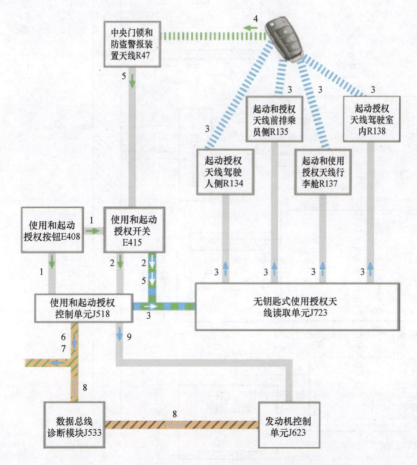

图 3-29　一汽奥迪系列汽车无钥匙起动系统工作原理

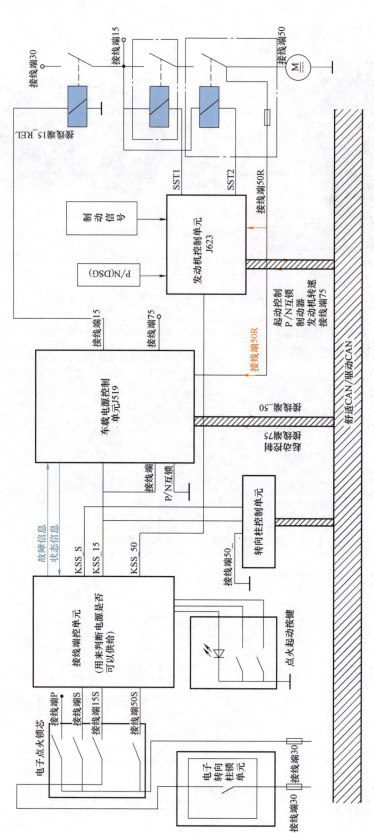

图3-30 大众奥迪系列车型无钥匙起动系统电路

该系统的数据交换及工作过程如下：

1）驾驶人将使用和起动授权按钮 E408 完全按下，这个按钮将"点火开关接通"和"发动机起动"的信息发送到使用和起动授权开关 E415 及使用和起动授权控制单元 J518 上。

2）使用和起动授权开关将这个按钮信息通过数据线继续传至使用和起动授权控制单元，在这里两个按钮信息进行比较。

3）使用和起动授权控制单元 J518 将钥匙查询信息发送给无钥匙式使用授权天线读取单元 J723，无钥匙式使用授权天线读取单元 J723 通过所有的使用和起动授权天线将一个信号发送给汽车钥匙。

4）汽车钥匙根据这个信号来确定钥匙在车上的位置，并将其信息发送给中央门锁和防盗警报装置天线 R47。

5）中央门锁和防盗警报装置天线 R47 收到这个信息后，该信息通过使用和起动授权开关 E415 被传送给使用和起动授权控制单元 J518 使用。

6）根据钥匙的使用情况，触点信号就被发送到舒适 CAN 总线上，电子转向柱锁解锁。

7）电子转向柱锁完全打开后，电源将接线端 15 接通。

8）接线端 15 接通后，发动机控制单元 J623 与使用和起动授权控制单元 J518 之间开始经 CAN 数据总线进行数据交换，然后防盗锁被停用。

9）使用和起动授权控制单元 J518 将"起动请求"这个信号发送给发动机控制单元 J623。发动机控制单元 J623 检查离合器是否已踏下或是否已挂入 P 或 N 位（自动变速器），满足条件后就会自动起动发动机。

上述第 6~9 环节的工作电路参见图 3-30。

参 考 文 献

［1］ 凌永成，李淑英. 汽车电气设备 ［M］. 3 版. 北京：北京大学出版社，2016.
［2］ 王显廷. 汽车电气系统检修 ［M］. 北京：机械工业出版社，2013.
［3］ 路进乐. 汽车电气设备构造与维修 ［M］. 北京：机械工业出版社，2014.
［4］ 舒华，姚国平. 汽车电器设备与维修 ［M］. 3 版. 北京：北京理工大学出版社，2012.

目 录

项目1 汽车蓄电池的构造与检修 ·· 3
  任务1 认知铅酸蓄电池的构造及性能参数 ··· 3
  任务2 检测免维护蓄电池 ·· 8
  任务3 更换蓄电池 ·· 14
  任务4 给蓄电池充电 ·· 17
  任务5 检测汽车静电流 ··· 20

项目2 汽车发电机的构造与检修 ·· 23
  任务1 认知汽车发电机的构造及性能参数 ··· 23
  任务2 检查充电系统工作状况 ··· 26
  任务3 更换车辆的发电机 ··· 28
  任务4 检测充电系统性能 ··· 35
  任务5 诊断充电系统故障 ··· 41
  任务6 分解、检测、装配及调整汽车交流发电机 ·· 45

项目3 汽车起动系统的构造与检修 ·· 49
  任务1 解体检测起动机 ··· 49
  任务2 诊断起动系统电路故障 ··· 53

项目1

汽车蓄电池的构造与检修

任务1　认知铅酸蓄电池的构造及性能参数

任务目标

1. 能够识别铅酸蓄电池的外部结构标识及性能参数。
2. 能够说明铅酸蓄电池的内部构造。

任务准备

设备：普通蓄电池1块，要求结构、标识完整；免维护蓄电池1块，要求结构、标识完整；解剖的普通蓄电池1块；解剖的免维护蓄电池1块。

资料：实训指导书和蓄电池使用说明书。

任务实施

一、蓄电池外部结构及标识认知

1. 认知普通蓄电池外部结构及标识。

1）对照实物说明写出蓄电池各部分的名称。

2）给定的普通蓄电池电解液液位：□合格；□不合格。

3）写出给定的普通蓄电池的标识及含义（写出实际标识，并查询资料写出其含义）。

4）在下图中标注出蓄电池各部分的名称。

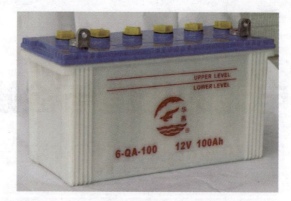

5）上图中所示的蓄电池属于：□普通蓄电池；□免维护蓄电池。

6）上图中 6-QA-100 的含义：_____。

7）上图中 12V 的含义：_____。

8）图中 100Ah 的含义：_____。

2．认知免维护蓄电池外部结构及标识。

1）对照实物说明写出给定的免维护蓄电池各部分的名称。

2）写出给定的免维护蓄电池的标识及含义。

3）查看给定的免维护蓄电池的容量状态显示器（也称魔眼或电眼）颜色：_____；电量：_____。

4）对照实物图中说明蓄电池各部分的名称及功用。

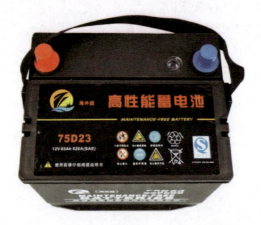

5）上图中所示的蓄电池属于：□普通蓄电池；□免维护蓄电池。

6）哪些方法可以识别蓄电池的正、负电极接线柱？

7）说明上图中蓄电池上 12V、65Ah、520A（SAE）标识的含义。

8）写出免维护蓄电池的优点和缺点。

9）写出有关使用蓄电池的安全说明。

二、蓄电池内部结构及工作原理认知

1．认知普通蓄电池内部结构及工作原理。

1）对照实物说明普通蓄电池各部分的名称及功用。

2）在下图中标注出蓄电池各部分的名称。

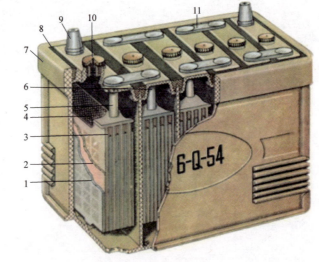

1—_____　2—_____　3—_____　4—_____
5—_____　6—_____　7—_____　8—_____
9—_____　10—_____　11—_____

2．免维护蓄电池内部结构及工作原理认知

标出下图中所示各部件的名称。

3．标出下图中正、负极板的活性物质及电解液的名称。

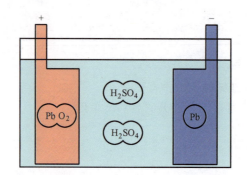

4．标出下图中接上负载后（放电）的化学反应。

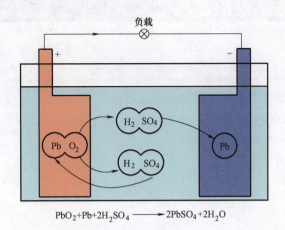

$$PbO_2+Pb+2H_2SO_4 \longrightarrow 2PbSO_4+2H_2O$$

5．标出下图中充电过程的化学反应。

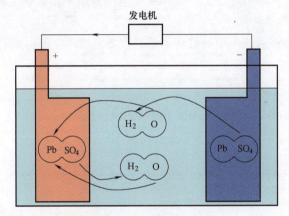

$$2PbSO_4+2H_2O \longrightarrow PbO_2+Pb+2H_2SO_4$$

任务评价

教师根据实际任务完成情况，按照评分标准给出成绩。

序号	评分标准	配分	得分
1	工作准备和工作过程的认真仔细程度和工作态度	10	
2	技术资料应用情况	10	
3	团队工作计划与分工	10	
4	测量与检查记录或文件记录	10	
5	按专业要求进行工作任务	10	
6	按专业要求使用量具、检验器具及工具	10	
7	遵守劳动与环保规定	10	
8	做好将车辆/系统交给客户之前的准备工作	10	
9	团队配合与沟通	10	
10	完成工作任务中教师的提问	10	
	合计分数		

任务 2　检测免维护蓄电池

任务目标

1. 能够对免维护蓄电池进行外观检查和处理。
2. 能够检测蓄电池性能并提出解决方案。
3. 会使用万用表和蓄电池检测仪。
4. 能正确选用通用维修工具。
5. 会使用维修资料。

任务准备

设备：实训车辆或发动机台架、免维护蓄电池、万用表、蓄电池检测仪（通用）、蓄电池检测仪（专用）。

资料：实训指导书、相关车型的维修手册、蓄电池检测仪使用说明书。

任务实施

一、对免维护蓄电池进行外观检查并处理

操作步骤：

1）制订工作计划。

工作计划：

2）对车辆或台架上的蓄电池进行外观检查并处理。

3）记录蓄电池外观检查结果及问题处理。

序号	检查记录及问题处理
1	检查前的工作：

项目1 | 汽车蓄电池的构造与检修

（续）

序号	检查记录及问题处理
2	对蓄电池外观进行检查及记录。  有无变形：□有　□无 凸出：□有　□无 漏液：□有　□无 破裂炸开：□有　□无 烧焦：□有　□无 螺钉连接处有无氧化物渗出：□有　□无 针对上述检查结果给出解决方案（按照实际存在的问题提出解决方案）。
3	就车进行蓄电池外观检查及记录。 有无变形：□有　□无 凸出：□有　□无 漏液：□有　□无 破裂炸开：□有　□无 烧焦：□有　□无 螺钉连接处有无氧化物渗出：□有　□无 针对上述检查结果给出解决方案（按照实际存在的问题提出解决方案）。

（续）

序号	检查记录及问题处理
4	给出接线柱螺栓或螺母腐蚀解决方法：
5	交给客户之前的准备工作：

二、对免维护蓄电池性能进行检测

操作步骤：

1) 制订检测蓄电池性能的工作计划。

工作计划：

2) 实施蓄电池性能检测工作计划。
3) 记录蓄电池性能检测工作计划的实施情况。

序号	蓄电池性能检测记录
1	检测前的工作：
2	方法1:查看蓄电池容量状态显示器并记录。 查看蓄电池容量状态显示器(魔眼或电眼)颜色：_____；电量：_____。 针对上述检查结果给出解决方案：

（续）

序号	蓄电池性能检测记录
3	方法2：用蓄电池检测仪检测及记录。  检测方法： 将检测结果填入下表。 | 测量项目	实测值/V	标准值/V	结论
---	---	---	---
空载电压			
负载电压				
4	方法3：用万用表进行检测。  检测流程： 将检测结果填入下表。 	实测值/V	标准值/V	结论
---	---	---

（续）

序号	蓄电池性能检测记录
5	方法 4：用万用表就车起动测试。 检测流程： 将检测结果填入下表。 | 实测值/V	标准值/V	结论 | |---|---|---| |			
6	方法 5：
7	交给客户之前的准备工作：

任务评价

教师根据实际任务完成情况，按照评分标准给出成绩。

序号	评分标准	配分	得分
1	工作准备和工作过程的系统性和认真仔细程度	10	
2	技术资料应用情况	10	
3	遵守检查与安装条件要求	10	
4	测量与检查记录或文件记录	10	
5	按专业要求进行工作任务	15	
6	按专业要求使用量具、检验器具及工具	15	
7	遵守劳动与环保规定	10	
8	做好将车辆/系统交给客户之前的准备工作	10	
9	完成工作任务中教师的提问	10	
	合计分数		

任务 3 更换蓄电池

任务目标

1. 能够正确更换蓄电池。
2. 能够正确选用通用维修工具。
3. 会使用维修资料。

任务准备

设备：实训车辆或发动机台架、免维护蓄电池、通用工具。
资料：实训指导书、相关车型的维修手册。

任务实施

操作步骤：

1) 制订更换蓄电池的工作计划。

工作计划：

2) 实施更换蓄电池的工作计划。
3) 记录更换蓄电池工作计划的实施情况。

序号	更换蓄电池记录
1	准备工作： 

项目1 | 汽车蓄电池的构造与检修

（续）

序号	更换蓄电池记录
2	拆卸蓄电池。写出拆卸流程及注意事项： 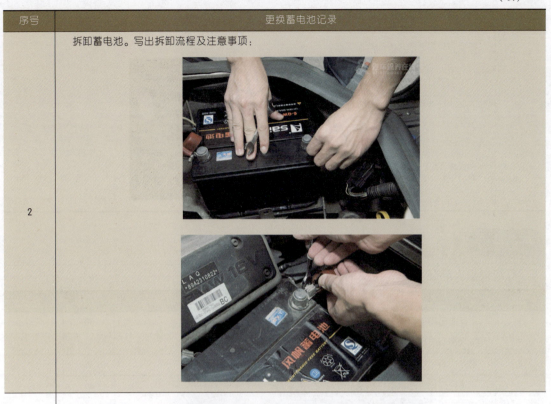
3	安装蓄电池。写出安装流程及注意事项。 
4	工作质量检查： 

(续)

序号	更换蓄电池记录
5	将车辆交给客户之前的准备工作：

任务评价

教师根据实际任务完成情况，按照评分标准给出成绩。

序号	评分标准	配分	得分
1	工作准备和工作过程的系统性和认真仔细程度	10	
2	技术资料应用情况	10	
3	遵守检查与安装条件要求	10	
4	测量与检查记录或文件记录	10	
5	按专业要求进行工作任务	15	
6	按专业要求使用量具、检验器具及工具	15	
7	遵守劳动与环保规定	10	
8	做好将车辆/系统交给客户之前的准备工作	10	
9	完成工作任务中教师的提问	10	
	合计分数		

任务4 给蓄电池充电

任务目标

1. 能够正确给蓄电池充电。
2. 会使用充电机。
3. 会使用维修资料。

任务准备

设备：蓄电池、通用工具、充电机。
资料：实训指导书、相关车型的维修手册、充电机使用说明书。

任务实施

操作步骤：

1) 制订给蓄电池充电的工作计划。

工作计划：

2) 实施给蓄电池充电的工作计划。
3) 记录给蓄电池充电工作计划的实施情况。

序号	给蓄电池充电记录
1	准备工作：

(续)

序号	给蓄电池充电记录
2	给蓄电池进行正常充电。 充电电流应为_____A。 注意事项： 工作流程：
3	给蓄电池进行快速充电（接线同正常充电）。 充电电流应为_____A。 注意事项：

任务评价

教师根据实际任务完成情况，按照评分标准给出成绩。

序号	评分标准	配分	得分
1	工作准备和工作过程的系统性和认真仔细程度	10	
2	技术资料应用情况	10	
3	遵守检查与安装条件要求	10	
4	测量与检查记录或文件记录	10	
5	按专业要求进行工作任务	15	
6	按专业要求使用量具、检验器具及工具	15	
7	遵守劳动与环保规定	10	
8	做好将车辆/系统交给客户之前的准备工作	10	
9	完成工作任务中教师的提问	10	
	合计分数		

任务 5　检测汽车静电流

任务目标

1. 能够正确进行汽车静电流的检测。
2. 会使用万用表。
3. 能正确选用通用维修工具。
4. 会使用维修资料。

任务准备

设备：实训车辆、通用工具、万用表。
资料：实训指导书、相关车型的维修手册。

任务实施

操作步骤：

1）制订检测汽车静电流的工作计划。

工作计划：

2）实施检测汽车静电流的工作计划。
3）记录检测汽车静电流工作计划的实施情况。

序号	检测汽车静电流记录
1	检测前的准备工作：

项目1 | 汽车蓄电池的构造与检修　21

（续）

序号	检测汽车静电流记录		
2	汽车静电流检测。 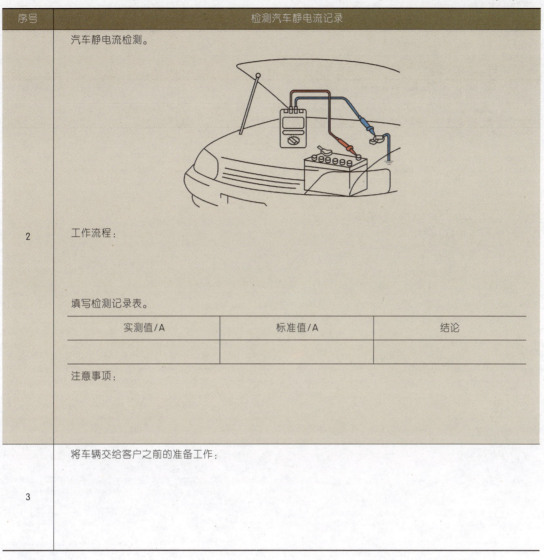 工作流程： 填写检测记录表。 | 实测值/A	标准值/A	结论 | |---|---|---| |		| 注意事项：		
3	将车辆交给客户之前的准备工作：		

任务评价

教师根据实际任务完成情况，按照评分标准给出成绩。

序号	评分标准	配分	得分
1	工作准备和工作过程的系统性和认真仔细程度	10	
2	技术资料应用情况	10	
3	遵守检查与安装条件要求	10	
4	测量与检查记录或文件记录	10	
5	按专业要求进行工作任务	15	
6	按专业要求使用量具、检验器具及工具	15	

（续）

序号	评分标准	配分	得分
7	遵守劳动与环保规定	10	
8	做好将车辆/系统交给客户之前的准备工作	10	
9	完成工作任务中教师的提问	10	
	合计分数		

项目2

汽车发电机的构造与检修

任务1 认知汽车发电机的构造及性能参数

任务目标

1. 能够识别发电机的外部结构标识及性能参数。
2. 能够说明发电机的内部构造。

任务准备

设备：交流发电机1个，要求结构、标识完整；分解成零部件的交流发电机，要求结构、标识完整。

资料：实训指导书和交流发电机使用说明书。

任务实施

一、发电机外部结构及标识认知

1. 认知交流发电机整体结构及标识。

1) 对照实物认知交流发电机各部分的名称及标识。

2) 在下图中标注出交流发电机各部分的名称。

2．写出给定交流发电机的标识含义。国产某交流发电机标识为 JFZ1940 14V 70A，说明其含义。

3．根据下图可知，发电机在 8000r/min 时，发电机的输出电流为_____A；驱动功率为_____kW。

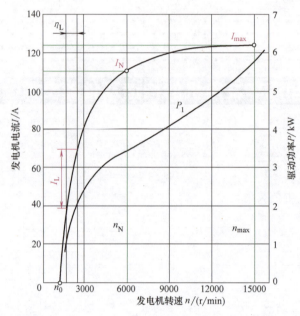

二、发电机内部结构认知

1．识别交流发电机的零部件。对照给定的交流发电机的零部件，说明其名称及功用。

2．写出下图各标识名称。

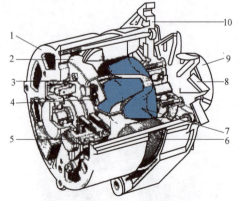

1—_____ 2—_____ 3—_____ 4—_____
5—_____ 6—_____ 7—_____ 8—_____
9—_____ 10—_____

3. 写出下图各部分名称。

任务评价

教师根据实际任务完成情况，按照评分标准给出成绩。

序号	评分标准	配分	得分
1	工作准备和工作过程的认真仔细程度和工作态度	10	
2	技术资料应用情况	10	
3	团队工作计划与分工	10	
4	测量与检查记录或文件记录	10	
5	按专业要求进行工作任务	10	
6	按专业要求使用量具、检验器具及工具	10	
7	遵守劳动与环保规定	10	
8	做好将车辆/系统交给客户之前的准备工作	10	
9	团队配合与沟通	10	
10	完成工作任务中教师的提问	10	
	合计分数		

任务 2 检查充电系统工作状况

任务目标

1. 能够检查充电系统工作状况。
2. 会使用维修资料。

任务准备

设备：实训车辆、工作灯、通用工具。
资料：实训指导书、车辆使用说明书、车辆维修资料。

任务实施

操作步骤：

1) 制订检查充电系统工作状况的工作计划。

工作计划：

2) 实施检查充电系统工作状况的工作计划。
3) 记录检查充电系统工作状况工作计划的实施情况。

序号	检查充电系统工作状况记录
1	检测前的准备工作：

项目2 | 汽车发电机的构造与检修

(续)

序号	检查充电系统工作状况记录		
2	充电指示灯检查。 1) 工作流程及注意事项: 2) 填写检查记录表。 | 点火开关档位或发动机状态	充电指示灯状况	结论
点火开关在"ON"档,发动机不运行	□亮 □不亮	
发动机运行状态	□亮 □不亮	| 3) 如果发动机运行状态下,充电指示灯亮,请给出解决方案。		
3	将车辆交给客户之前的准备工作:		

任务评价

教师根据实际任务完成情况,按照评分标准给出成绩。

序号	评分标准	配分	得分
1	工作准备和工作过程的系统性和认真仔细程度	10	
2	技术资料应用情况	10	
3	遵守检查与安装条件要求	10	
4	测量与检查记录或文件记录	10	
5	按专业要求进行工作任务	15	
6	按专业要求使用量具、检验器具及工具	15	
7	遵守劳动与环保规定	10	
8	做好将车辆/系统交给客户之前的准备工作	10	
9	完成工作任务中教师的提问	10	
	合计分数		

任务3　更换车辆的发电机

任务目标

1. 能够更换车辆的发电机。
2. 能正确选用通用维修工具。
3. 会使用维修资料。

任务准备

设备：实训车辆、工作灯、通用工具。
资料：实训指导书、车辆使用说明书、车辆维修资料。

任务实施

一、拆卸车辆的发电机

操作步骤：

1) 制订拆卸发电机的工作计划。

工作计划：

2) 实施拆卸发电机的工作计划。
3) 记录拆卸发电机工作计划的实施情况。

序号	拆卸发电机记录
1	准备工作：
2	关闭点火开关及汽车所有电气设备。

（续）

序号	拆卸发电机记录
3	拆卸蓄电池负极电缆。 技能要点及安全注意事项：
4	锁定张紧机构。 技能要点及安全注意事项：
5	取下发电机传动带。 技能要点及安全注意事项：

（续）

序号	拆卸发电机记录
6	松开并取下发电机支架上的两根固定螺栓。  技能要点及安全注意事项：
7	拆下发电机 B₊接线柱上的连接线。 技能要点及安全注意事项：
8	拆下发电机励磁导线。 技能要点及安全注意事项：

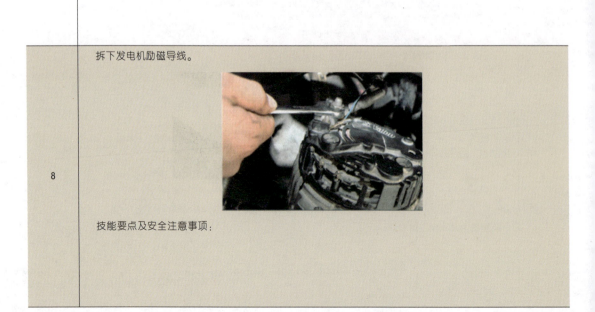

（续）

序号	拆卸发电机记录
9	将发电机摆放在工作台上。  技能要点及安全注意事项：

二、安装车辆的发电机

操作步骤：

1. 安装发电机
2. 填写安装发电机的记录

序号	安装发电机记录
1	安装励磁导线。  技能要点及安全注意事项：
2	安装发电机 B+ 接线柱上的导线。 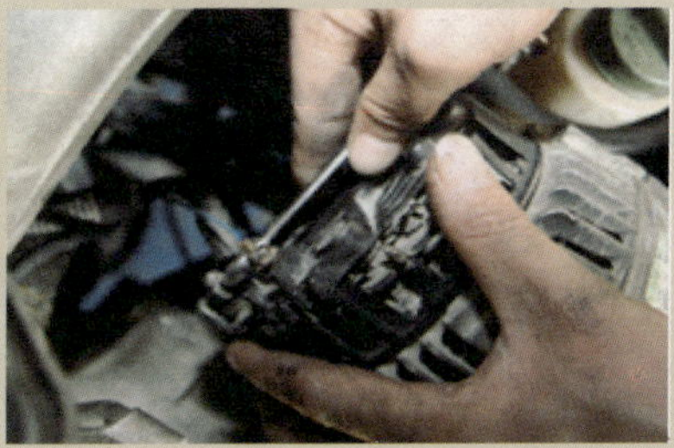 技能要点及安全注意事项：

（续）

序号	安装发电机记录
3	将发电机下支撑臂安装在气缸体的支架上。  技能要点及安全注意事项：
4	安装发电机支架上的两根固定螺栓。  技能要点及安全注意事项：
5	安装发电机传动带。  技能要点及安全注意事项：

项目2 | 汽车发电机的构造与检修　33

（续）

序号	安装发电机记录
6	张紧传动带。  技能要点及安全注意事项：
7	检查传动带的松紧度。  技能要点及安全注意事项：
8	安装蓄电池的负极电缆。 写出技能要点及安全注意事项：

（续）

序号	安装发电机记录
9	工作质量检查： 发电机安装情况检查：□良好　□不好 导线安装情况检查：□良好　□不好 传动带安装情况检查：□良好　□不好 充电指示灯状态：□正常　□不正常 运行状态下传动带位置：□正常　□不正常 发电机运行是否有异响：□有　□无

任务评价

教师根据实际任务完成情况，按照评分标准给出成绩。

序号	评分标准	配分	得分
1	工作准备和工作过程的系统性和认真仔细程度	10	
2	技术资料应用情况	10	
3	遵守检查与安装条件要求	10	
4	测量与检查记录或文件记录	10	
5	按专业要求进行工作任务	15	
6	按专业要求使用量具、检验器具及工具	15	
7	遵守劳动与环保规定	10	
8	做好将车辆/系统交给客户之前的准备工作	10	
9	完成工作任务中教师的提问	10	
	合计分数		

项目2 | 汽车发电机的构造与检修

任务 4 检测充电系统性能

任务目标

1．能够进行充电系统性能检测。
2．会使用万用表、钳形电流表。
3．能正确选用通用维修工具。
4．会使用维修资料。

任务准备

设备：实训车辆、万用表、钳型电流表、工作灯、通用工具。
资料：实训指导书、车辆使用说明书、车辆维修资料。

任务实施

操作步骤：
1) 制订检测充电系统性能的工作计划。

工作计划：

2) 实施检测充电系统性能的工作计划
3) 记录检测充电系统性能工作计划的实施情况。

序号	检测充电系统性能记录
1	检测前的准备工作：

（续）

序号	检测充电系统性能记录
2	关闭点火开关及汽车所有电气设备
3	检查蓄电池导线连接情况，检查结果：□良好　□不良并处理
4	检查蓄电池电压。 | 测量电压值/V	标准值/V	结论 | |---|---|---| | | | | 如果电压小于规定值，应给蓄电池充电。 写出技能要点及安全注意事项：
5	检查驱动传动带。 1）写出技能要点及安全注意事项： 2）检查结果为＿＿＿＿＿＿＿＿＿＿。 3）测量驱动传动带张力为＿＿＿＿＿。

（续）

序号	检测充电系统性能记录		
5	4）结果记录。 	传动带状况	挠度	备注	 	新传动带			 	旧传动带			 写出问题解决方案：		
6	检查充电警告灯电路。		
7	直观上检查交流发电机线束连接情况并听一听是否有异响。交流发电机中传出异响：□有　□无		
8	交流发电机输出端导线电压降测量。 1）写出技能要点及安全注意事项。 2）准备。 3）测试。 4）结果记录。 |	电压降/V	备注
标准值	≤0.2	
测量值					

（续）

序号	检测充电系统性能记录
8	5）写出问题解决方案。
9	蓄电池搭铁线电压降测量。 1）写出技能要点及安全注意事项。 2）准备。 3）测试。 4）结果记录。 |	电压降/V	备注
---	---	---
标准值	≤0.2	
测量值			 5）写出问题解决方案。
10	输出电流测试： 1）写出技能要点及安全注意事项。 2）准备。 3）测试。 输出电流测试如下图所示。 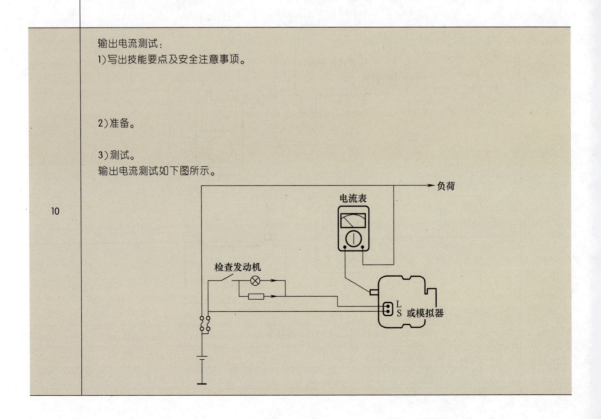

（续）

序号	检测充电系统性能记录		
10	4）结果记录。		
		电流/A	备注
	标准值	<3.6	
	测量值		
	5）写出问题解决方案。		

11	电压调节测试。 1）写出技能要点及安全注意事项。 2）准备。 3）测试。 交流发电机电压调节测试如下图所示。 4）结果记录。		
		调节电压/V	结论
	标准值	13.5~14.5	
	测量值		
	5）写出问题解决方案。		

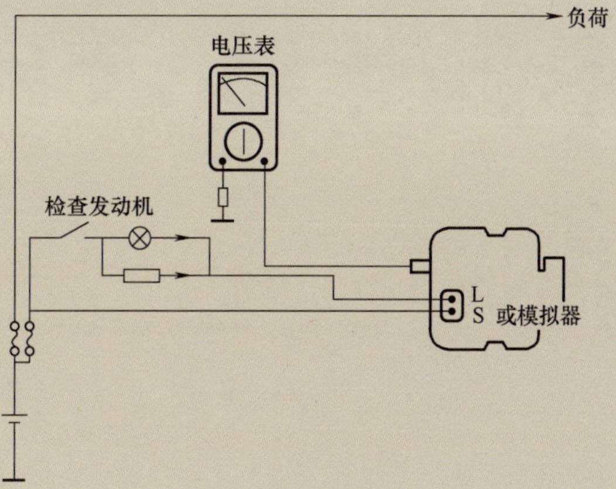

12	交给客户之前的准备工作：

任务评价

教师根据实际任务完成情况，按照评分标准给出成绩。

序号	评分标准	配分	得分
1	工作准备和工作过程的系统性和认真仔细程度	10	
2	技术资料应用情况	10	
3	遵守检查与安装条件要求	10	
4	测量与检查记录或文件记录	10	
5	按专业要求进行工作任务	15	
6	按专业要求使用量具、检验器具及工具	15	
7	遵守劳动与环保规定	10	
8	做好将车辆/系统交给客户之前的准备工作	10	
9	完成工作任务中教师的提问	10	
	合计分数		

任务 5　诊断充电系统故障

任务目标

1. 能够进行充电系统故障诊断。
2. 会使用万用表。
3. 能正确选用通用维修工具。
4. 会使用维修资料。

任务准备

设备：实训车辆、万用表、钳型电流表、工作灯、通用工具。
资料：实训指导书、车辆使用说明书、车辆维修资料。

任务实施

一、充电指示灯常亮故障诊断

操作步骤：

1）制订诊断充电指示灯常亮故障的工作计划。

工作计划：

2）实施诊断充电指示灯常亮故障工作计划。
3）记录诊断充电系统故障工作计划的实施情况。

序号	诊断充电指示灯常亮故障记录
1	检测前的准备工作：

（续）

序号	诊断充电指示灯常亮故障记录
2	查看并确认故障现象：
3	查阅维修资料，分析故障原因。 1) 故障范围如下。 2) 写出可能的原因。
4	诊断：
5	故障排除：
6	工作质量检查。充电指示灯状态：□正常　□不正常
7	交给客户之前的准备工作及注意事项：

二、充电指示灯不亮故障诊断

操作步骤：

1) 制订诊断充电指示灯不亮故障的工作计划。

工作计划：

2) 实施诊断充电指示灯不亮故障工作计划。
3) 记录诊断充电指示灯不亮故障工作计划的实施情况。

序号	诊断充电指示灯不亮故障记录
1	诊断前的工作：
2	查看并确认故障现象：
3	查阅维修资料，分析故障原因。 写出可能原因。

（续）

序号	诊断充电指示灯不亮故障记录
4	诊断：
5	故障排除：
6	工作质量检查。充电指示灯状态：□正常　□不正常
7	交给客户之前的准备工作及注意事项：

任务评价

教师根据实际任务完成情况，按照评分标准给出成绩。

序号	评分标准	配分	得分
1	工作准备和工作过程的系统性和认真仔细程度	10	
2	技术资料应用情况	10	
3	遵守检查与安装条件要求	10	
4	测量与检查记录或文件记录	10	
5	按专业要求进行工作任务	15	
6	按专业要求使用量具、检验器具及工具	15	
7	遵守劳动与环保规定	10	
8	做好将车辆/系统交给客户之前的准备工作	10	
9	完成工作任务中教师的提问	10	
	合计分数		

任务 6 分解、检测、装配及调整汽车交流发电机

任务目标

1．能够进行汽车交流发电机的分解、检测、装配及调整。
2．会使用万用表。
3．能正确选用通用维修工具。
4．会使用维修资料。

任务准备

设备：汽车交流发电机、万用表、钳型电流表、通用工具。
资料：实训指导书、车辆使用说明书、车辆维修资料。

任务实施

一、交流发电机的分解

操作步骤：

1) 制订交流发电机分解的工作计划。

工作计划：

2) 实施发电机分解工作计划。
3) 填写记录分解发电机工作计划的实施情况。

序号	发电机分解记录
1	发电机分解前的准备工作：

(续)

序号	发电机分解记录
2	发电机分解工艺流程。 1)一般的流程如下(各种发电机有特定的分解方法,应根据说明书进行)。(后续流程请补充完整) ①拆下电刷及电刷架(外装式)紧固螺钉,取下电刷架总成。 2)吉利远景轿车的发电机分解步骤: 3)发电机拆装注意事项:

二、发电机主要部件(转子、定子、整流器)的检测

操作步骤:

1)制订发电机主要部件(转子、定子、整流器)的检测工作计划。

工作计划:

2)实施检测发电机主要部件(转子、定子、整流器)工作计划。

3)记录检测发电机主要部件(转子、定子、整流器)工作计划的实施情况。

项目2 | 汽车发电机的构造与检修

序号	检测发电机主要部件（转子、定子、整流器）记录
1	转子的检测及记录。 1）励磁绕组检测（是否有短路、断路、搭铁）： 2）集电环及转子轴的检修：
2	定子的检测及记录。 检测结果记录：　　　　　　　　　结论： 维修方案：
3	整流器（二极管）的检测及记录。 1）数字万用表对二极管的极性判别： 检测结果记录：　　　　　　　　　结论： 维修方案： 2）指针式万用表对二极管的极性判别： 3）检修注意事项：

三、交流发电机的装配及调整

操作步骤：

1) 制订发电机装配及调整的工作计划。

工作计划：

2) 实施发电机装配及调整工作计划。
3) 记录发电机装配及调整工作计划的实施情况。

发电机装配及调整记录

发电机装配及调整：

注意事项：

任务评价

教师根据实际任务完成情况，按照评分标准给出成绩。

序号	评分标准	配分	得分
1	工作准备和工作过程的系统性和认真仔细程度	10	
2	技术资料应用情况	10	
3	遵守检查与安装条件要求	10	
4	测量与检查记录或文件记录	10	
5	按专业要求进行工作任务	15	
6	按专业要求使用量具、检验器具及工具	15	
7	遵守劳动与环保规定	10	
8	做好将车辆/系统交给客户之前的准备工作	10	
9	完成工作任务中教师的提问	10	
合计分数			

项目 3

汽车起动系统的构造与检修

任务 1 解体检测起动机

任务目标

1. 能够完成起动机的车上拆卸与安装。
2. 能够对起动机进行解体检查和不解体检查。
3. 能够根据检查结果判断起动机的性能。

任务准备

设备：整车 4 辆、举升机 4 个。
工具：万用表 4 块、跨接测试线 4 套、常用维修工具 4 套。
资料：相关车型的维修手册及整车电路图。

任务实施

起动机的检测分为解体检测和不解体检测两种，目前绝大多数汽车上的起动系统出现故障后只要通过不解体检测即可判断出是起动机故障还是电路故障。若起动机出现故障，对其进行更换即可。解体检测的项目在实际生产中已经很少，一般需要检查电枢电阻、换向器、电刷及电刷架等，在此不进行训练。

1. 测试吸引线圈性能。
1）先把电动机的导线断开。
2）按照下图所示的方法连接蓄电池与电磁开关。

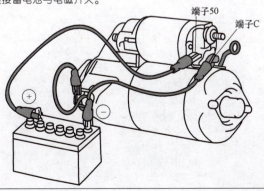

（续）

测试结果：驱动齿轮是否能伸出：是□ 否□
测试结论：_____
_____。

2. 测试保持线圈性能。
接线方法如下图所示，在驱动齿轮移出之后从端子C上拆下导线。

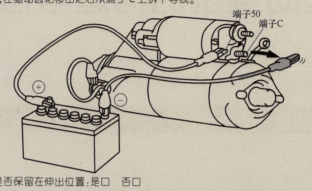

测试结果：驱动齿轮是否保留在伸出位置：是□ 否□
测试结论：_____

3. 测试驱动齿轮回位。
接线方法如下图所示，拆下蓄电池负极外壳的接线夹，观察驱动齿轮是否正常复位。

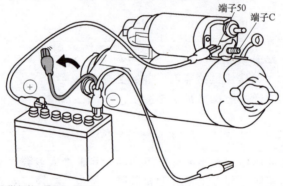

测试结果：驱动齿轮是否正常复位：是□ 否□
测试结论：_____

4. 检查驱动齿轮间隙。
驱动齿轮间隙检查时的接线和驱动齿轮间隙的测量分别如下两幅图所示。

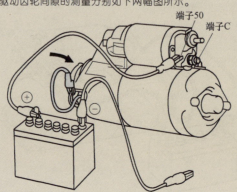

（续）

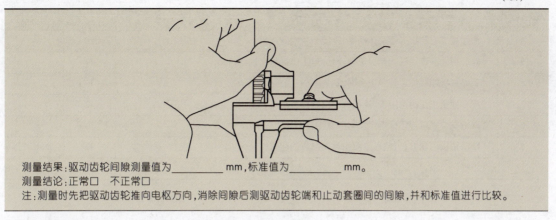

测量结果：驱动齿轮间隙测量值为＿＿＿＿＿＿mm，标准值为＿＿＿＿＿＿mm。
测量结论：正常□ 不正常□
注：测量时先把驱动齿轮推向电枢方向，消除间隙后测驱动齿轮端和止动套圈间的间隙，并和标准值进行比较。

5. 空载测试。
按照以下步骤进行起动机空载测试，测试接线方法如下图所示。

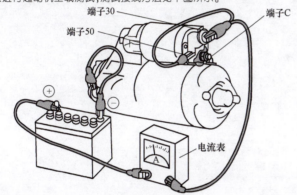

起动机空载试验

1）固定起动机。
2）按图示的方法连接导线。
3）起动机应该平稳运转，同时驱动齿轮应移出。结果是否正常：是□ 否□
4）读取电流表显示的电流值，应符合标准，实测电流值为＿＿＿＿＿A；标准值为＿＿＿＿＿A。实测结果是否合格：是□ 否□
5）断开端子50后，起动机应立即停止转动，同时驱动齿轮缩回。
通过空载测试，该起动机工作是否正常：是□ 否□
若起动机电磁开关功能不正常，应对电磁开关进行检测以判断其是否损坏。具体检测项目为检测吸引线圈和保持线圈电阻值。
① 检测吸引线圈的电阻，标准值：＿＿＿＿＿；实测值：＿＿＿＿＿结论：＿＿＿＿＿。
② 检测保持线圈的电阻，标准值：＿＿＿＿＿；实测值：＿＿＿＿＿结论：＿＿＿＿＿。
根据检测结果判断电磁开关是否正常：是□ 否□
最终检测结果判断该起动机工作是否正常：是□ 否□

任务评价

教师根据实际任务完成情况，按照评分标准给出成绩。

序号	评分标准	配分	得分
1	工作准备充分，工作过程中能够严格遵守工作标准	10	
2	能够合理完成起动机的就车拆卸和安装	10	
3	合理完成起动机的解体和组装（作为辅助内容进行，若不进行则该项满分）	10	

（续）

序号	评分标准	配分	得分
4	合理完成起动机的不解体检测,并能分析检测结果	20	
5	能够与团队成员共同制订工作计划,且工作计划合理可行	10	
6	工作过程中队员之间分工合理、职责明确	10	
7	按专业要求使用万用表、测试线等工具及量具	10	
8	遵守安全规范与环保规定	10	
9	能够形成检测报告,且检测报告具有良好的逻辑性	10	
	合计分数		

任务 2　诊断起动系统电路故障

任务目标

1．能够识读相关车型的起动系统电路图。
2．能够根据电路图对起动系统电路进行检测。
3．能够诊断并排除起动系统常见故障。

任务准备

设备：整车 4 辆、举升机 4 个。
工具：万用表 4 块、跨接测试线 4 套、常用维修工具 4 套。
资料：相关车型的维修手册及整车电路图。

任务实施

操作步骤：

1）确认起动系统的故障现象。

2）根据故障现象，结合维修手册制订故障诊断流程。

故障诊断流程：

3）记录任务实施及过程。

车辆信息。

VIN：
发动机型号：
行驶里程：

诊断前准备。

工具：

资料：

（续）

诊断步骤：

检测结果：

维修建议及维修方案：

任务评价

教师根据实际任务完成情况，按照评分标准给出成绩。

序号	评分标准	配分	得分
1	工作准备充分，工作过程中能够严格遵守工作标准	10	
2	识读所有起动系统电路图并完成相关学习任务	20	
3	能够与团队成员共同制订工作计划，且工作计划合理可行	10	
4	工作过程中队员之间分工合理、职责明确	10	
5	工作过程中数据或检查结果的记录与分析完整，逻辑性强	20	
6	按专业要求使用万用表、游标卡尺、测试线等工具及量具	10	
7	遵守安全规范与环保规定	10	
8	电路故障检修后进行验证，确认故障排除	10	
	合计分数